人 文 社 科
高校学术研究论著丛刊

"互联网+"背景下的
大学英语教学优化与转向

石磊 著

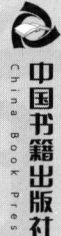
中国书籍出版社
China Book Press

图书在版编目 (CIP) 数据

"互联网+"背景下的大学英语教学优化与转向 / 石磊著 . -- 北京 : 中国书籍出版社 , 2021.3

ISBN 978-7-5068-8382-5

Ⅰ . ①互…　Ⅱ . ①石…　Ⅲ . ①英语 – 教学研究 – 高等学校　Ⅳ . ① H319.3

中国版本图书馆 CIP 数据核字（2021）第 045871 号

"互联网+"背景下的大学英语教学优化与转向

石　磊　著

丛书策划	谭　鹏　武　斌
责任编辑	李　新
责任印制	孙马飞　马　芝
封面设计	东方美迪
出版发行	中国书籍出版社
地　　址	北京市丰台区三路居路 97 号 (邮编：100073)
电　　话	（010）52257143（总编室）　（010）52257140（发行部）
电子邮箱	eo@chinabp.com.cn
经　　销	全国新华书店
印　　厂	三河市德贤弘印务有限公司
开　　本	710 毫米 × 1000 毫米　1/16
字　　数	228 千字
印　　张	12.75
版　　次	2021 年 10 月第 1 版
印　　次	2021 年 10 月第 1 次印刷
书　　号	ISBN 978-7-5068-8382-5
定　　价	62.00 元

目　录

第一章 导 论

随着科技的飞速发展,信息技术、"互联网+"已经进入了人们的生活,同样在教育领域也得到了广泛的运用。当前,信息技术、互联网技术辅助下的教育正推动着教育理念、教学内容、教学方法、学习方式、教学环境等的改变与创新。作为重要的工具和手段,信息技术、互联网技术辅助下的教育顺应了时代要求,这就要求教师应该具备利用信息技术与互联网技术展开教育的能力,并且不断拓宽自己的知识面,真正地实现教学相长。本章作为开篇,首先对信息技术及信息技术教育、互联网及"互联网+教育"这些基础的概念展开分析,以为后文的展开做铺垫。

第一节 信息技术及信息技术教育

当前,信息技术已经进入飞速发展时期,在人们生活中的各个方面逐渐渗透,从而成为个体间进行交流、学习以及理解世界的一种基本方式。信息技术发展过程中的每一次飞跃都是人类文明史上的进步,其对推动社会的发展产生着重要的意义,并在教育领域发挥着巨大作用。基于信息技术的教育,不仅使教育途径和模式发生了重大变化,教育效率和质量也有了显著提高。本节就对信息技术及信息技术教育展开分析。

一、什么是信息技术

当今社会已进入信息化高速发展的社会,信息和知识已成为推动社会发展的两大动力,现代信息技术已经渗透至人们生活的方方面面。

就信息技术的概念而言,目前人们多从广义和狭义两个方面来理解和解释。

从广义上说,信息技术指的是对信息加以处理与管理的各种技术的综合,其包含通信技术、感测技术、控制技术、计算机技术、智能技术等。

从狭义上说,信息技术指的是能够展现信息技术特点的一些技术,具体来说,主要可以从如下四个层面理解。

第一,信息技术可以被定义为信息与通信技术,其主要是运用计算机对信息系统与应用软件进行开发与设计,包含计算机技术、传感技术等。

第二,信息技术可以被定义为3C技术,即计算机技术、控制技术、通信技术三者的集合。

第三,信息技术又可以称为C&C技术,指的是运用计算机技术获取、传递、分配、处理信息的技术。

第四,信息技术指的是应用管理技术,并在科学、技术等层面对信息加以控制与处理,实现人机互动。

通过对上述信息进行分析不难发现,信息技术的核心在于计算机技术,并且在其他技术的共同作用之下,实现信息的获取与传递、转换与交流、检索与存储等。

二、什么是信息技术教育

(一)信息技术教育的界定

1. 依托于信息技术

从本质上说,教育的过程是由信息的产生、选择、存储、传输、转换以及分配等一系列环节组成的系统工程。在这个工程中所采用的多媒体技术、电子技术、信息处理技术、网络通信技术等各种先进技术都属于信息技术。在教育中引进这些信息技术,可使信息传播速度更快,教学效率更高。当今社会,知识迅速增长,在这个环境下,教学效率备受重视,教学质量的提高首先需要提高教学效率。

2. 将以学习者为中心作为重心

以学习者为中心是信息技术教育学科强调的一个重要观点。具体表现为如下几个观点。

首先,在确定教育目标时,使社会的要求、学习者的需求都得到满足,鼓励学习者发展的多样化。

其次,在选择教育内容时,要以学习者需要学和适合学的内容为主。

再次,在选择教育方法时,鼓励学习者自主学习和小组合作学习,培养学习者的合作能力、团结意识、人际交往能力等非认知技能,使其更好地适应生活。

最后,在安排教育形式时,以灵活的形式为主,与学习者的学习、生活相协调,巩固终身教育的地位。

3. 实现教育资源的合理配置

多媒体技术与计算机网络的普及使得社会成为一个密不可分的整体,学习者可从自身的学习目的、学习需求出发对学校、课程及教师进行自由选择,学校之间、学校与社会之间逐渐失去了明确的界线,社会教育资源将因学习者的需求而合理分配,人为因素的影响会越来越弱,社会人力、物力、财力等资源将会得到更加充分的运用。

(二)信息技术教育的内容

信息技术教育的研究内容是控制与分析研究对象,具体包括以下几方面。

1. 设计学习过程和学习资源

在相关理论(教学理论、媒体传播、学习心理等)的指导下,完整而详细地设计教学系统,以达到预期的学习目标。这个过程包括多个环节,如分析学习者、学习目标、学习内容,选择教学媒体、教学策略,评价学习效果等。在教学设计中,这是一个非常重要的组成部分,也是比较独立的研究方向。

2. 开发学习过程和学习资源

信息技术教育研究在教学过程中如何有效应用各种教学模式、媒体技术,这其实也是用实践数据支持理论发展的过程。并不是仅仅采用某种媒体技术对教学产品进行制作就能完成对学习过程与资源的开发,更重要的是要从实践上改进整个教学系统。开发的范围有大有小,某个教学项目、某节课或某个系统工程规划都可以。

3. 利用学习过程和学习资源

信息技术教育研究如何对源源不断的新技术、最新学科成果及相关信息资源进行利用与传播。

4. 管理学习过程和学习资源

信息技术教育研究如何规划、组织及调控学习过程和优化整合学习资源。管理对象包括信息与资源、教学系统、教学研究等。优化教学效果离不开科学管理。

5.评价学习过程和学习资源

信息技术教育研究如何评价整个教学系统的运行状态及运行效率。既要评价单一环节或因素,又要评价整个系统,将形成性评价与总结性评价结合起来,从多角度采用多种方式进行科学评价,完善评价体系,从而更有效地改进教学系统研究。

以上分别解释了信息技术教育各部分的内涵,各部分之间相互联系,相辅相成,而非绝对孤立与封闭。在教育实践中,各部分经常是结合在一起出现的,如设计与开发的结合、开发与利用的结合、设计与评价的结合、利用与管理的结合等。可以说,信息技术教育是为了实现最优化的教学效果而在综合运用相关理论与技术的过程中对各教学系统的研究和实践。

从学科属性来看,信息技术教育属于教育学科的范畴,但具有交叉性、综合性等鲜明特征的教育技术又不仅仅属于教育学科,正因如此,才对学习者的综合素质提出了更高的要求。

(三)信息技术教育的意义

1.信息技术有助于促进教育观念的革新

信息技术教育的创新与应用可使教育者对教学过程与教学资源利用有新的思考,进而促进教育观念的更新。

在传统教育中,以教师为中心,教师作为传授知识的主体,在教育教学过程中发挥着十分重要的作用,而且这种作用被放大,整个教学都围绕教师来进行,学生只是被动地参与学习。教师是教学技术(黑板、教学教具模型)的绝对使用者,学生只是被动观看。

在教育教学观念方面,信息技术的科学应用为教育的发展提供了新思路、新思想、新办法,促进了现代教育观、现代学校观、现代人才观的形成。

在信息技术教育中,信息技术在教育教学过程中得到了广泛利用,多媒体计算机技术增加了师生之间的交流与沟通、网络技术实现了师生之间的交互的双向教学,教师从单纯地讲授书本知识转变为利用多媒体技术进行教学设计,学习者从被动地接受知识转变为利用信息技术进行自主学习,学生能更加主动地获取知识,教师也在教育教学过程中逐渐建立起以学习为中心的观念。可见,"应试教育"更加彻底地向"素质教育"转变。

2. 信息技术大大提升了教育的质量

信息技术的应用极大地提高了教学质量。具体来说,教育教学质量的提高表现在教育教学过程中是真正实现了教育教学目标,促进了学生的德、智、体、美等多方面的发展。信息技术在教育教学过程中的应用对于学生的多方面素质的发展均有较高要求,学习过程中学生的各项知识与技能不断得到提高,手、眼、耳、鼻、口各个感官共同应用到学习过程中,还促进了学生大脑思维的发展,可实现学生的全面发展。

信息技术对教学质量提高的促进具体分析如下。

首先,信息技术为教学提供技术支持,能为现代师生的教学提供一个良好的交互环境,给学生提供更自主学习的机会,使学生更加主动地投入到学习中去,更加积极地去收集、处理、加工、反馈各种学习信息,有助于增强学习效果,促进学生主动发展、个性化发展,提高个体化教育品质。

其次,现代信息时代,信息技术教育无时间、空间限制的特性,有利于创建大教育的格局,能更加高效地调动各种教学资源,使得优质教育资源得到有效整合,扩大优质教育资源的受益面,进而促进教育质量的整体提高。

最后,现代化的教育教学强调高素质全面发展的人才的培养,强调学生的发展应与社会发展相适应,现代教育为提高教育质量和促进教育为社会现代化发展服务,新的教育观念将会催生新的教育质量评估体系和评价方式,并有助于建立信息全面的大数据跟踪与检测,促进每一名学生的真正发展。

3. 信息技术有助于促进教学效率的提高

生产技术的改革必然会促进生产效率的提高,在教育领域,技术也具有相同的提高教学效率的作用。

所谓教学效率,具体是指一定时间内完成的更多教学任务,或者完成相同教学任务量使用更少的教学时间。信息技术的发展和教学应用可缩短教学时间,能更加高效地实现教师和学生在教学过程中的知识输出与输入。

在信息技术教育的应用过程中,丰富而先进的信息技术可使学生综合利用多种感官进行学习,使学生充分获取知识。有实验证实,在学习过程中,学生利用的感官越多,越有利于学生对知识的记忆、理解,就越能帮助学生获得较佳的学习效果,进而提高教学效率。

4. 信息技术有助于实现教育改革

信息技术教育的发展是教育改革与发展的制高点和突破口,引起了教育领域的多方面变革。具体分析如下。

(1)教学模式的变革

在教育教学模式上,传统的教育模式限于校园内的教室、教师、黑板和教科书。现代教学媒体改变了原有教育过程的结构,形成了多种人—机的教育新模式。

信息技术在教学中的应用,突破了有围墙的学校模式,卫星电视网络、计算机技术、多媒体技术、网络技术的发展与教学应用,使教师的"教"与学生的"学"均摆脱了学校、课堂、时间、地域的限制,远距离教学的模式——"网络大学""开放大学""全球学校"得以实现。

(2)教学组织形式的变革

在传统的教育中,教学组织形式是以学校、班级和课堂为主场所,在教学过程中,也重视学生的个体化发展,提倡个别答疑、分组学习,但是受多种条件限制,学生的统一化教学仍是主要教学形式,学生的个性化教学难以实现。

随着现代化信息技术在教学中的应用,学生的小组学习、个别化学习成为可能。例如,在计算机教学中,应用电子教室,可实现全体、分组和个别化的自主学习;网络化的传输功能还能在各种学科实现实时交互学习。

(3)教学手段与方法的变革

信息技术在教学实践中的应用,为教师的多样化灵活教学提供了更多的技术支持,也能丰富学生的感官体验,有助于提高教师和学生的教与学的积极性与主动性。

教育手段多媒体化、教学方法多样化,要求在教育教学实践过程中教师对多样化的教学工具与方法进行选择,以为学生的不同教学内容的学习提供最佳的教学环境与教学体验。

5. 信息技术有助于扩展教育的资源

随着现代教学手段的发展,特别是多媒体技术、通信技术、网络技术等信息技术在教学中的应用,教师不再是唯一的教学信息来源,学生通过多渠道获得信息和知识,扩展了学生的知识信息来源。

以多媒体教学技术为例,多媒体教学可以实现文字、数据、图形、语言、视频等教学信息的统一处理,可令教学内容更加生动、形象,可调动学习者的多种感官参与学习,能在更短的时间内向学习者传递更多、更立体化的教学信息,提高教学信息的传递效率,实现教学信息资源的高效利用。

6. 信息技术有助于扩大教育的规模

信息技术能扩大教育规模,加速教育事业的发展。

从当前我国的教育现状来看,国家正在实施科教兴国战略,充分利用现代教育技术,如广播电视网络(包括卫星电视、有线电视)、计算机网络、邮电通信网络等,开展各种远程教育,使更多的偏远地区的学生受益,客观方面大大节省了师资、校舍和设备,并有效促进了教学规模的扩大。

(四)国内外信息技术教育的发展

1. 国外信息技术教育的发展

下面重点分析发达国家现代教育技术的发展历史,主要经历了以下几个发展时期。

(1)视觉教育阶段

视觉教育阶段是国外现代教育技术发展的第一阶段,时间跨度为20世纪初—20世纪30年代。

19世纪末,科技的发展及其在教育界的广泛应用,有力推动了教育技术的产生与发展。教育领域早期引入的新媒体技术主要有照相、幻灯、无声电影等,依托这些技术将生动的视觉画面呈献给学生,大大改善了教学效果。"视觉教育"这一术语最早被使用是在1906年,出现在《视觉教育》一书中,由美国一家公司出版,关于照片拍摄、幻灯片制作与使用的知识在这本书中得到大量介绍。随之,研究新媒体应用的教育者越来越多。1913年,托马斯·爱迪生预言学校将会因为新媒体技术而得到彻底改造。十年后,爱迪生的预期并没有实现。不过,经过多年的探索,视觉教育活动的发展十分显眼。1923年,视觉教学分会率先在美国教育协会成立,视觉教育工作者开始潜心研究自己的学说,在视觉教育研究中,主要参考的理论依据是夸美纽斯的直观教学论。1928年,《学校中的视觉教育》在美国出版,这是第一本和视觉教育有关的教科书,该书明确指出,视觉经验和其他经验相比,对学习造成的影响更大。

1924年,S. L.普莱西在美国心理学会的会议上呈现了第一台能教学、测验和记分的教学机器。这个新机器不但可以将视觉材料形象地呈现出来,还可以提供关于学生学习情况的反馈,这也是教学机器区别于音像媒体的主要特点。在个别化教学中,这个教学机器发挥了非常重要的作用。

（2）视听教育阶段

视听教育阶段是国外现代教育技术发展的第二阶段,时间跨度为20世纪30年代—20世纪50年代。

20世纪30年代后期,教学领域中相继运用了无线电广播、有声电影、录音机等新媒体技术,视听教育这一术语逐渐出现在人们所写的文章中,美国教育协会视觉教学分会也正式更名为"视听教育分会",时间是1947年。

1931年7月,美国辛克斯公司做了一个电影教学的实验:在儿童观看电影前和观看完后,分别用5种测验表格对其学习成绩进行考查。测验结果显示,看电影后,学生的知识量比没看电影时增加了35%。美国哈佛大学的实验也证明,实验组学生(采用电影教学手段)的成绩比对照组学生(未采用电影教学手段)高20.5%。"二战"期间,美国政府斥巨资投资在影片上,以培训作战人员、军工技术人员,成效显著,而且视听媒体在学校教学中也得到了一定程度的重视。

20世纪50年代,视听教育因电视的出现而拥有了更先进的技术手段,电视相比于电影的优势主要表现在制作周期短,容易传播、复制等方面,电视出现后不久,便在教育领域得到广泛应用。

从20世纪30年代到20世纪50年代,视听教育运动在美国十分流行,同时视听教育在相关理论研究的推动下获得了新的发展,其中最具代表性的戴尔的"经验之塔"模式,这也是视听教育兴起与发展的主要理论依据。

20世纪50年代中期,斯金纳(美国心理学家)在行为主义学习理论的指导下对新一代教学机器——斯金纳程序教学机进行了设计,不久后便在军队、大学中投入应用。

（3）视听传播阶段

视听传播阶段是国外现代教育技术发展的第三阶段,时间跨度为20世纪60年代—20世纪70年代。

斯金纳程序教学机在20世纪60年代以后非常流行,并从实验阶段转入实践应用阶段。同时,20世纪40年代由拉斯维尔等人创立的传播学开始在教育领域产生影响。有学者认为,教学过程就是信息传播的过程,并针对此进行了深入的研究。教育传播因为这些原因而受到了重视,视听传播的概念也逐渐被提出。1963年,美国视听教育协会明确阐释了视听传播的定义,即作为教育理论和实践的分支,视听传播主要研究控制学习过程的信息的设计和使用,通过对每种传播方法和媒体的有效运用来达到发展学习者全部潜能的目标。随后不久,又出现了新的概念——

"教学资源",这个概念比"视听媒体"概念更广泛,它的出现使人们开始将注意力集中到对整体教学传播过程和教学系统的关注上。

（4）教育技术阶段

教育技术阶段是国外现代教育技术发展的第四个阶段,时间跨度为20世纪70年代至今。

20世纪70年代中期,计算机教育应用随着微型计算机的出现逐渐进入新的发展阶段。1970年,"教育技术"的概念被AECT(美国教育传播和技术协会,原美国视听教育协会)提出,并对此进行了解释。

此后,AECT又分别在1972年、1977年修改了教育技术的定义,并在原有理论基础(如行为主义学习理论、传播理论)上,将系统理论加入其中,这也是教育技术的重要理论基础。随着媒体技术(计算机多媒体技术、远程通信技术、网络技术等)的不断发展,教育技术也不断深入实践,这大大丰富了教育技术的内涵,促进了教育技术理论研究的发展,并使教育技术的理论基础越来越完善,逐渐融入了认知主义学习理论、建构主义学习理论。

AECT于1994年再次修改教育技术的定义,使教育技术愈发科学、完善。

2. 国内信息技术教育的发展

我国曾将信息技术教育通俗地称作"电化教育"。这个名词是我国独创的,萌芽于20世纪20年代,起步于20世纪30年代,电化教育的发展经历了漫长的历史,大概可以将其划分为以下几个阶段。

（1）诞生阶段

20世纪30年代以前,我国的信息技术教育的发展与应用主要是西方信息技术教育在我国西式学堂的应用,与同一时期的西方教育的教学应用相比,应用范围小,技术应用落后。

在诞生阶段,我国就存在将无声电影、幻灯、无线电播音等运用到教育中的现象。早在20世纪20年代,陶行知先生就曾在教学中尝试运用幻灯,在无声电影制作、幻灯放映方面,南京金陵大学也做了很多试验。此外,还有一些单位在这个领域做了不同程度的尝试,如上海"商务印书馆"、南京"中央广播电台"、镇江"民众教育馆"等。

（2）初步发展阶段

1932年,"中国教育电影协会"在南京成立,主要参与人员是我国教育界人士。电化教育工作刚开始流行于民间,随着民间活动的盛行,官方当局于1935年开始对电化教育工作进行规划和实施。

1936年，视听教育被统称为"电化教育"，出现在《学校生活》杂志中，这是由美国联邦教育署出版的。同年，"电影教育委员会"和"播音教育委员会"成立，同时"电化教育人员训练班"在金陵大学开设，"电化教育"这个词首次被正式使用。

1940年成立电化教育委员会，其实就是"电影教育委员会"和"播音教育委员会"的合并。当时，教育界有识之士为促进电化教育在我国的进一步发展而进行努力探索，专著《有声教育电影》的出版、周刊《电影与播音》《电化教育》的发行、"电化教育系"的创设以及"中华教育电影制片厂"的建立等都是努力探索的成果。但当时我国贫穷落后，很难大规模地对电化教育进行推广。

20世纪30年代我国现代教育技术进入课堂，标志着我国现代教育技术正式起步。

我国电化教育从新中国成立到20世纪60年代初获得了初步发展，具体从以下几方面表现出来。

首先，幻灯、电视、录音、唱片、无线电播音、电影等越来越多的电教手段被不同程度地运用到教育中，如华东师范大学试办上海电视大学，采用电视授课。

其次，电教手段在各类教育中都得到了一定的普及，如中小学教育、大学教育、成人教育等。

再次，出现专门对电教教材和电教设备进行生产的产业，批量生产开盘式录音机、电影放映机、幻灯机等电教设备，几家幻灯制片厂、科技教育电影制片厂成立，一批教学电影片、幻灯片被制作出来提供到学校教学中。

最后，一些地方成立专门机构推动电化教育的发展，并建设了电化教育的相关队伍，虽然规模较小，但他们非常热衷于为我国电化教育的发展做贡献。

中华人民共和国成立以后，为了适应当时社会教育的需要，宣传党的方针政策，深入学校教育，改进教法，提高教育质量，我国开始推广试用新的教育技术。

1945年，苏州国立社会教育学院建立电化教育系，这是我国最早的现代教育技术系。

1951年，北京辅仁大学开设电教课程。其为中华人民共和国成立后第一个开设电化教育课程的学校。

随后几年，我国一直进行现代教育技术的教育实践尝试，并逐步推进现代教育技术在课堂上的应用，不仅在教学硬件设施上有所发展，还促进了教学模式的发展与变革,如创编广播函授学校、成立电视大学。

（3）迅速发展阶段

我国电化教育在 20 世纪 70 年代中期到 20 世纪 80 年代末期发展迅速。20 世纪 70 年代中期之前,由于各方面因素的影响,严重制约和破坏了我国电化教育的发展,直到 20 世纪 70 年代后期,电化教育才重新在我国起步,发展速度也不断加快。

我国相继成立电化教育委员会、电化教育委员会办公室来专门发展电化教育,电化教育馆(站)在全国各地纷纷建立,电教中心在各高等院校建立,电教室(组)也逐渐出现在很多中小学中。现在,在这些机构从事相关工作的人员有十多万,他们都是电化教育发展中的贡献者。随着电化教育的发展,电教设施设备在中小学的配置越来越完善,专用计算机房、语言实验室、电化教室等更高级别的电教设备在发达地区的中小学中不断出现,投影机、录音机和银幕几乎成了每个教室的标准配置,甚至计算机多媒体设备、闭路电视也被运用到一些学科的教学中。

随着电教教材、电教设备等建设规模的扩展,有关单位几乎针对中小学中的所有学科对计算机教学软件、投影幻灯教材或录音录像教材进行了编制与设计。在各学科的教材改革中,建设电教教材是一项主要任务,对电教教材的制作要有组织性、计划性,要根据纸质教材配套制作,然后在各年级逐步推广,投入使用。

20 世纪 80 年代,随着"电化教育"名称之争的出现,电化教育的学术气氛越来越活跃,电化教育理论也越来越充实、完善。改革开放后,随着一系列政策的实施,我国出现了翻天覆地的变化,在教育技术领域主要表现为国际学术交流频繁,我国利用交流的机会不断引进国外教育技术研究的新成果和发展的新经验。国外教育技术以系统方法为核心,这对我国电化教育具有重要的影响,具体表现为对理论概念、发展理念以及研究方法等方面的影响,从此我国对这个领域有了新的认识,并从新的角度来深入研究,呈现出综合化、深层化的研究新趋势。

"深入课堂,深入学科"也是电化教育在这一时期发展的一个特征。电化教育以课堂教学为中心,取得了较快的发展,各地投入这项实践的学校和教育工作者越来越多,于是便形成了以下特征。

第一,在电化教学开展过程中,一线教师成为不可或缺的主力军,开展电化教育直接关系着教学任务能否完成、教学质量能否提高。

第二,电化教育不仅是简单地运用电教媒体,而是在整个课堂教学过程中贯穿电化教育。电化教育中要做的工作、要完成的任务丝毫不比一般课堂教学轻松,一般课堂教学中要做的事,要完成的任务,通常电化教学中也要做,也要完成。不同的是,电化教育是将电教媒体引进课堂教学中,所以在一般课堂教学中没有的现象反而会出现在电化教育中;电化教育也要参考一般课堂教学的设计原理,从而对课堂教学进行改进,提高教学效率与质量。

第三,教育工作者不再单独采用某一电教媒体进行教学,而是在整个教学过程中应用电教媒体并处理好相互关系,电教媒体被重新定位,在整个教学设计中都或多或少地呈现出电化教育的痕迹。

第四,电化教育在教学工作的各个方面逐步渗透,而不是简单地特指一些电化设备、电化教育媒体等的应用,整体教学改革、教学效益与电化教育直接相关。

（4）深入发展阶段

从 20 世纪 90 年代至今,电化教育在我国处于深入发展阶段。随着教学领域中对多媒体计算机和网络技术等的大量运用,电化教育在我国的发展越来越迅速,层次越来越深。"中国教育与科研计算机网络"的开通将百余所高等学校和一些拥有较好电教设备和较强技术力量的中小学校联系起来,这有力推动了我国多媒体网络教学的发展。

随着现代技术的不断发展,我国在教材建设中越来越重视音像电子教材的制作与编排,主要载体有幻灯、投影、视盘、录音、计算机软件、录像等。我国教育软件市场基本形成是在 1995 年。《中小学计算机教育软件规则》（1996—2000 年）于 1996 年 9 月颁布,"九五"期间我国研制与开发计算机教育软件的主要目标和主要策略在这个文件中被明确提出。1996 年,我国"九五"重点科技攻关项目中新增"计算机辅助教学软件研制、开发与应用"项目,我国投入巨额资金来开展这个项目,1999 年 7 月,该项目已结题。

视听教育媒体的理论与应用研究在很长时间内都是我国现代教育技术的研究重点,但从 20 世纪 90 年代后,多种媒体组合运用和学习过程的研究,尤其是关于教学系统设计、开发、评价、管理的理论和实践研究成为新的研究重点,我国在这方面做了大量的研究工作。能体现出这些研究重点的研究项目有"电化教育促进中小学教学优化课题实验""电化教育促进中小学由应试教育转向素质教育的实验研究"等,这些研究取得了良好的成果,对教育、社会都有积极的影响,而且也使我国教育教学的深化改革取得了显著的成就。这些研究也呈现出以下明显的特征。

第一,对教育教学改革的研究是深化教育改革的重要举措和突破口。

第二,重视研究教育教学中信息技术的应用。

第三,重视学习理论在教学系统设计中的应用。

第四,研究方法规范、多元。

当前,我国教育教学的深入改革与科学发展离不开现代教育技术的推动,教育工作者要将现代教育技术作为一门必修课来认真学习。现阶段我国在教育教学研究中对整体教学效果更为关注,对现代教育技术在一节课、一个教学单元及一门学科中产生的影响进行深入探索与研究;同时,教育工作者对现代教育技术也有了更加全面、深入的认识,并在科学认知的基础上发挥现代科学理论和方法对教育教学的指导作用。需要注意的是,教育技术不仅要解决教学的局部问题,更要解决教学改革的整体问题。

（5）"互联网＋教育"阶段

早在1996年,清华大学王大中校长就提出了发展现代远程教育,并于1998年推出了网络版的研究生进修课程。同一年,教育部也在一些重点院校进行了试点,通过推广,给教育带来了新的契机。

为了更好地推进教育创新,改革教育,促进信息技术在教育中运用,教育部于2003年启动精品课程,提倡学生应该自主学习,增加高校的投入,构建精品课程体系。

2008年,互联网与教育的结合出现了全新的开放式课程模式,就是所谓的慕课,这一模式得到了很多学者的认可,并将"互联网＋教育"推向一个新的高度。现代,"互联网＋教育"的手段有很多,如慕课、微课、翻转课堂、线上线下混合模式等,这会在后面章节做探讨,这里就不再多加赘述。

（五）我国信息技术教育发展趋势

下面从技术、研究及应用三个方面来探讨我国现代教育技术的发展趋势。

1.研究更为全面、科学与先进

（1）理论研究更具体、务实

在教育技术的设计、开发及研究中,研究人员成功整合了一些重要理论与思想,如建构主义、情境认知与学习、分布式认知等,然后在相关学科、领域的研究或教学设计中运用这些思想与理论。

随着教育理论的传播与发展,研究人员在教学设计中普遍开始重视认知负荷理论,而且该理论在认知加工中也具有重要的指导作用。认知负荷理论能够有针对性地解决现实问题,并且成效显著,这也是研究人员越来越认可、重视这一理论及该理论得以持续发展的一个重要原因。此外,研究人员还对其他研究领域的理论加以挖掘,并尝试应用在教育技术研究中。

借鉴与创新是我国发展教育技术必然要走的一条路,走这条路,首先要对借鉴与创新的关系进行妥善处理,要在分析我国国情的基础上对西方教育技术中相应的理论与经验加以吸收,并在原有基础上实现"超越与创新"。教育技术的改革创新要坚持"以人为本"的理念和系统论的观点,不能只关注电教媒体而忽视学习者的学习过程,不能只强调运用某个单一的技术手段而忽视运用系统方法。在教育技术学理论本土化方面,研究人员积极支持与推进,在教育信息化研究中努力改进理论、完善体制和机制,推进创新,建构符合我国国情的教育技术理论体系和具有中国特色的电化教育体系。

（2）研究方法多元、混合

教育技术研究方法的趋势表现在两方面,一是多元化,即引用其他领域的研究方法;二是混合化,即整合多种研究方法加以运用。例如,近年来,脑科学迅速发展,其研究成果的意义主要表现在为未来研究提供参考或使教育研究发现从生理层面得到验证。

教育技术研究方法的多元性一定程度上也是由教育的复杂性决定的,多元化的研究方法涉及多个领域,如社会学、人类学、心理学、生态学等。此外,在教育技术研究的相关交流报告上也经常出现社会网络分析、设计研究等研究方法,研究人员还经常从组织理论、设计与技术、复杂性理论等领域探索适用于教育技术研究的方法。

随着技术的日益发展和众多领域先进研究成果的不断出现,教育技术研究一定会有更美好的前景,而且随着教育技术研究的发展,人类学习发展及社会生活一定会更加密切地联系在一起。

2. 微观研究与宏观预测结合

教育技术的开发与研究离不开技术本身的发展,技术的进步是教育技术发展的主要动力。教育技术研究人员既从微观上对各种常用的技术进行研究,又在宏观上对技术的未来发展趋势加以预测和整体把握。

教育教学的空间随着多媒体计算机与网络教育的兴起而得到了明显的扩展,学习者的虚拟学习空间也因此而建构起来,这对学习者来说属于第二个学习空间,传统教育方式被打破,自主学习方式、合作学习方式及探究学习方式逐渐得到重视。在新时期,我国教育技术工作者不仅要探索学习方式在信息技术环境下的多元化改革与创新,还要关注真实情境下的学习内容与方式和第二学习空间下的学习内容与方式的关系及结合,使学习者对知识产生与发展的过程有更深刻的感受、理解。教育技术工作者要在信息技术环境下深入研究和广泛探索各种教学模式和教学方法,在实验中尝试去整合信息技术与学科教学,以充分发挥教育信息技术的潜能和作用,取得更好的应用效益,实现教育教学质量的最优化。

教育技术从面对面交互(以肢体语言和口语传达为主),到表征符号(数字、字母、图画等)出现后借由科学、艺术、文本、数学等学科传达的符号中介的交互,到现代通信技术(无线电波、电视、微波、电话等)出现后传播中介的交互,到联网计算机、网络印刷、推荐引擎、全球搜索形成的网络中介的交互,再到当前以云计算、群体智慧、即时联络、传感器网络构筑的赛博基础设施中介的交互,发展路线大致为"文化中介—符号中介—传播中介—网络中介—赛博基础设施中介"的发展路线。从这个过程来看,人类交互的中介越来越复杂。当前技术发展具有集成性,这个特征从新的交互中介——"赛博基础设施"中可以得到体现,它强调信息技术基础设施建设的重要性,鼓励研究者和学习者将先进的、成熟的技术平台利用起来设计适应个体需求的有实用性的学习平台,而不是对各种平台进行没有意义的重复开发。

另外,当前教育技术的研究人员普遍从支持学习(以学习者中心)的视角来认识教育技术,并进行研究。

3. 应用更加多元化

(1)多媒体教育应用

近年来,在教育技术领域,多媒体教育逐渐成为主流技术。多媒体教学系统与其他媒体教学系统相比,其优势主要体现在以下几个方面。第一,多重感观刺激。第二,能快速传输大量信息。第三,传输信息的质量高、能广泛应用。第四,方便使用,操作便捷,有较强的交互性。第五,教学更生动形象,能够表现出常规方式方法难以表现的教学内容。

多媒体教育应用的趋势主要从以下几方面体现出来。

第一,电子出版物。多媒体硬件在近年来逐渐成为个人计算机的标准设备,这与多媒体计算机技术的发展直接相关。电子出版物又随着多媒体硬件的不断发展而迅速增长。人与传统书本的传递方式是单一的文字传递,电子出版物的出现改变了这个传统的方式,并以多种方式、从多个渠道传递文字、声音、图像、动态影像等信息。电子出版物的传播更便捷,版本修改或更新也比较方便,而且售价低廉。

现在,超文本、超媒体等新的软件技术逐渐被运用到电子出版物中,其中电子教科书对这些技术的应用最为明显,目的是开拓新的功能。学习者利用电子出版物,能够便捷、快速地获取大量知识。随着电子出版物的不断推广与传播,其在教育领域将会越来越普及。

第二,虚拟大学。随着计算机通信网络的兴起与发展,其在教育领域产生了非常巨大的影响。计算机网络自20世纪90年代以来在全世界广泛传播与蓬勃发展,信息传递因此而发生了巨大变化,主要体现在传递形式、传递速度、传递距离、传递范围等各方面。如何将计算机通信网络应用到教育中,这是美国、英国等发达国家近年来热衷探索的一个领域。许多大学、教育研究机构利用计算机网络将各学科不同形式的教育课程提供到社会有关领域,也就是创办"虚拟大学",而且承诺颁发相应证书。

学习者可以在"虚拟大学"中利用计算机网络对课程进行查询、选择,并提问教师,请求教师帮助,还可以对他人发表的文章进行阅读,或参加一些讨论等。这种利用计算机网络的学习方式具有交互性、自主性,学习者对学习时间、学习地点、学习内容和学习进度等的选择与安排都相对自由,师生之间交流信息是双向的,这有效提高了学习的灵活性和学习效率。依托计算机网络建立的"虚拟大学"将随着光导通信"高速公路"的建成而不断普及。

第三,虚拟真实。教育领域近年来开始尝试采用一种新技术,就是依托计算机虚拟技术对类似于真实环境的学习场景进行模拟建设。利用计算机虚拟真实技术可以创造人造世界。学习者要将一个特殊装置戴在头上,并戴好能够对肢体位置方向进行记录的数据手套才能进入这个虚拟的学习场景。学习者佩戴的这些装置使其产生自己就是处于真实环境中的错觉。美国一些医学院采用这种技术建立了多媒体交互作用虚拟真实系统,主要对外科手术情景进行模拟,不管是简单的开刀手术,还是复杂的器官移植手术,利用这个虚拟真实系统都可以进行模拟。医院将此作为培训实习生的主要手段,以此锻炼实习生的胆量和操作技能。实习生可就手术室的操作过程反复进行练习,对不同方法进行尝试,以更好地判断自己的操作是否正确、规范。交互作用式学习、探索式学习等新兴学习方式因为这种教学新技术的不断发展而拥有广阔的发展前景。

第四,智能化教师系统。智能化教师系统是一种先进的计算机软件系统,其采用人工智能技术建立而成,人工智能技术是一门新兴科学,主要研究的是以人造智能机器或智能系统对人类智能活动能力进行模拟。

智能化教师系统主要是利用计算机对人们的学习提供帮助,可全方位指导学生的学习过程,具体包括以下几点:对不同学生的学习能力及知识水平进行评估;根据评估结果提供适合学习者的课程,课程知识主要利用多媒体技术来讲授、演示;为学生布置作业、检查作业;及时帮助学生解决学习中遇到的困难和问题,或根据学生的需求和学习水平的提升而对学习内容进行调整等。

（2）网络化教育应用

互联网应用的高速发展是教育技术网络化最明显的标志。体现在互联网上的这种宽带、远程、广域通信网络技术的重大革命,必将深深影响未来高等教育,而且对教育体制、教育方法手段及教育模式的影响最为明显。

地域和时空因素不会限制互联网环境下的教育体制和教学模式,高等教育通过计算机网络可向全社会和全世界的任何角落扩展,开放式大学将随着计算机网络的不断发展而逐渐成为势不可挡的趋势。在互联网环境下的教育体制中,每个人扮演着教师与学生的双重角色,每个人可以通过网络来学习、娱乐或工作,而且时间、地点都很自由。每个人都能利用网络向一线教师请教或寻求帮助,甚至会有最权威的专家指导他们,每个人也可以在世界知名图书馆借阅藏书,从世界各个角落获取自己需要的资料信息。借助多媒体教育网络可以在很短的时间内完成以上事情,你需要的知识、信息、资料、专家等可以说是近在眼前,唾手可得。这种高质量的教育是世界上每个公民都能平等享受的,这是理想化的全民教育。

在计算机网络教育环境下,可以采用个别化的教学方式,也可以采用协作型的教学方式,还可以将这两种教学方式结合起来,这种网络教学模式和传统教学模式有很大的不同。它是根据个人需要而有针对性地实施的,学习者完全可以按照自己的需要对教学内容、方式、时间以及指导教师进行自由选择。这种开放大学在新时期将越来越普及。

（3）课件开发应用

我国在课件开发方面明显落后于发达国家,但客观而言,我国课件开发的发展还是比较快的。政府重视和计算机普及是课件开发快速发展的主要原因。课件开发的资金主要来源于一些软件公司,此外也有政府的专项拨款。

现代远程教育也是教育部非常关注的一个项目,为了开发教学软件、网上教学资源,建设教育网站,国家投入高额资金予以扶持。当前在课件开发研究方面,电子作业支持系统和基于教学策略的课件是两个比较新且受关注的热点。

（4）应用模式多样化

在教育技术应用方面,世界各国都有不同的模式和要求,各国从本国国情和社会需求出发研究教育技术应用,不管是应用层次,还是应用模式,都有自己的特点。多元化的应用模式主要包括"常规模式"(基于投影、幻灯、语言实验室、视听设备等多种教学媒体）、"多媒体模式"（基于多媒体计算机）、"虚拟现实模式"（基于计算机仿真技术）、"网络模式"（基于网络）等。

在上述教育技术的应用模式中,常规模式占主导,而且在今后一段时间内,常规模式的主导地位基本不会动摇,广大学校基本都是以常规模式为主,不管是在我国还是其他国家都是如此。在"常规模式"日益普及的同时,"多媒体模式""网络模式"等其他模式也在快速发展,这是现代教育技术发展的一个重要趋势。

（5）促进教育均衡发展

教育技术的应用现在广受重视,教育技术工作者将此作为促进教育均衡发展的一个重要路径。教育均衡发展主要从以下几方面体现出来。

第一,随着教育规模的扩大,有机会接受教育的人越来越多。

第二,城乡间逐步实现优质教育资源共享。

第三,基础教育、高等教育、职业教育、远程教育、非正式教育等都得到快速发展。

第四,逐步构建了终身学习体系。

第二节　互联网及"互联网＋教育"

当前,全世界正式进入互联网时代。在互联网快速发展的社会背景下,网络全面渗入人们日常的生活、学习、工作中,也推动了"互联网＋"的发展。本节从互联网入手,探讨互联网技术的发展,进而分析"互联网＋"以及"互联网＋教育"。

一、什么是互联网

世界公认的第一台电子数字计算机通常认为是 1946 年面世的、主要用于计算导弹弹道的 "ENAC"。它由美国宾夕法尼亚大学莫尔电工学院制造,它体积庞大,占地面积 170 多平方米,重量约 30 吨,耗电功率约 150 千瓦。

20 多年后诞生的 Internet 可以说是美苏冷战的产物。1969 年,美国国防部高级研究计划署（Defense Advanced Research Projects Agency, DARPA）开始建立一个命名为 ARPAnet 的网络,将美国的几个军事及研究系统用电脑主机连接起来。1968 年,美国国防部高级研究计划署网络项目(ARPAnet)启动。1969 年,首次网络连接实验成功。20 世纪 70 年代,ARPAnet 进入发展的关键时期,由两点链接拓展到 200 多个连接,但仍局限在高级军事领域。1972 年,全世界计算机和通信业的专家在美国华盛顿举行了第一届国际计算机通信会议,就不同计算机网络之间进行通信达成协议。会议决定成立 Internet 工作组,负责建立一种保证计算机之间进行通信的标准规范(即"通信协议")。1974 年,IP(Internet Protocol,Internet 协议)和 TP(Transport Control Protocol,传输控制协议)问世,合称 TCP/IP 协议。该协议为后来信息全球化时代的到来提供了初步的平台,1983 年成为互联网上的标准通信协议。因特网从战争机器转变为人类信息服务的平台始于"冷战"结束。

Web(World Wide Web)是一种以 Internet 为基础的计算机网络连接技术,它允许用户在一台计算机通过 Internet 存取另一台计算机上的信息,这是网络世界得以建立的基础。从技术角度讲,网络是 Internet 上那些支持 WWW 协议和超文本传输协议 HTP(Hyper Text Transfer Protocol)的客户机与服务器的集合,通过它可以存取世界各地的超媒体文件,内容包括文字、图形、声音、动画、资料库以及各式各样的软件。这也使得任何新的计算机都可以将散落在网络空间的各种信息进行无缝对接与组合,形成新的站点和内容。也可以表达为,超文本、超链接、超媒体是 Web 技术的重要表现形态。Web 技术的发展经历了以下几个阶段。

(一)Web 1.0

Web 1.0 指 Web 的第一代实用技术形态,始于 20 世纪 90 年代,其主要使用静态的 HTML 网页来发布信息。从传播学的角度看,Web 1.0 形态仍属于传统的媒介信息传播阶段,即信息发布者扮演着精英的角色,其传播信息是"推送式""灌输式",用户浏览获取信息实际上仍然是单向度的传播模式。但是,相比传统媒体,Web 1.0 也有特殊功能,它善于集纳、整合各类破碎、零散、微小的信息,并直观地展示出来,而且用户能在各类网站上通过鼠标点击完成"超链接"。

(二)Web 2.0

2004 年,欧雷利媒体公司(O'Reilly Media))副总裁戴尔·多尔蒂(Dale Dougherty)在一次会议上将互联网的新动向用"Web 2.0"一词进行阐述。随后,公司首席执行官蒂姆·欧雷利(Tim OReilly)组织了一场头脑风暴,描述了 Web 2.0 的框架。由此,Web 2.0 这一词汇成为新媒体受众探讨的关键词并逐步走向主流。此后,一系列关于 Web 2.0 的研究与应用迅速发展,Web 2.0 的理念与相关技术日益成熟,使得 Internet 的应用在变革与应用的基础上得到进步的创新发展。BBS、博客、威客、维基百科等新兴网络传播形态应运而生。

Web 2.0 是 Web 1.0 的技术升级与产品优化,它在 Web 1.0 的基础上着重发展了互联网用户之间强有力的互动。在 Web 2.0 时代,用户不仅可以获取信息,还可以交换信息、反馈信息。这样普通用户不仅仅是信息的接收者,也是信息的制作者。在网络信息的传播使用过程中,信息的接受者成为信息的参与者、互动者、分享者,传播主体由原来的单一性变为多元化;草根阶层与精英阶层实现了真正意义上的对话与交流。信息及文件的共享成为 Web 2.0 发展的主要支撑和表现。Web 2.0 模式大大激发了用户创造和创新的积极性,使 Internet 变得更加生机勃勃。

(三)Web 3.0

Web 3.0 是 Web 2.0 的升级版,它在纵向上延展了 Web 2.0 的技术范畴与传播维度。早在 Web 2.0 的概念被媒体广泛关注之时,Web 3.0 的设计就已开始。Web 3.0 是建立在全球广泛互联节点(与用户)无障碍互动的概念上的,具有人工智能的特征。如果说 Web 2.0 和 Web 1.0 解决了互联网"读"与"写"的物理与逻辑层问题,那么 Web 3.0 要解决的则是在这两层之上的表象或语义层的问题。具体说来,Web 3.0 网站内的信息可以直接和其他网站相关信息进行交互,能通过第三方信息平台同时对多家网站的信息进行整合使用;用户在互联网上拥有自己的数据,并能在不同网站上使用,完全基于 Web,用浏览器即可实现复杂的系统程序才具有的功能。

Web 3.0 是一种更加深入、更加专业、更加广泛的技术,比 Web 2.0 的互动更加深入,它创制了一个虚拟的类像世界,让用户体验仿真的快乐与模拟的真实。我国新闻学者喻国明教授认为:"Web 3.0 时代是由于网络的后台技术的进一步智能化,它使传媒机构具有更加强大的对于极其丰富的网络资源的提纯、整合的技术能力或应用模式(如维基百科、'第二人生'、人肉搜索等),充分利用全社会的微力量、微内容、微价值,形成具有智能化、个性化、定制化的内容服务产品及相关的衍生产品。"

总之,媒介技术的发展在不断地服务于人类社会的需要。Web 1.0 满足人们对信息的需求;Web 2.0 解决了人与人之间的交往与互动;Web 3.0 深化了互动机制,不断满足人们对现实世界的虚拟体验以及仿真模拟的需求。

从 Web 1.0 到 Web 3.0,不仅是网络技术和网络应用的发展,其本质上也是信息传播途径及传播方式的革命性变化。在传统社会,人们依赖书籍、报刊及广播电视来传播和接收信息,网络技术的发展为人们提供了另外一条途径,这场信息传播的变革当然不可避免地对以报刊和广播电视为代表的传统媒体形成了巨大冲击。

这种根据网络技术发展形成的信息传播新途径足以同任何一种传统媒体形式相提并论,于是人们自然地开始用新媒体这个概念来形容和概括这种新形态。

二、什么是"互联网 +"与"互联网 + 教育"

(一)"互联网 +"的界定与利弊

在互联网快速发展并全面普及的社会背景下,"互联网 +"的概念应运而生。这一概念在我国最早是由易观国际董事长兼首席执行官于扬提出的。他认为,"世界上任何的传统行业和服务行业都应该被互联网改变"。"互联网 +"理念是对互联网化的进一步提升,主要是给各个行业互联网化一个具体落地的思路。但由于技术、时机、内容等方面的原因,当时并没有引起重视。

如果说"互联网 +"最初是由于扬提出来的,那么积极倡导并推动"互联网 +"的则是腾讯创始人马化腾。2013 年 11 月,在众安保险的开业仪式上,马化腾提出:互联网加上一个传统行业,这代表着什么呢? 其实代表的是一种新的动力,是一种外在的环境与资源,是对这一传统行业的进一步提升。之后,在 2015 年 3 月的全国人大上,马化腾以人大代表的身份提交了"互联网 +"的提案,呼吁社会应该以"互联网 +"作为驱动,对传统产业加以创新,呼吁社会各界将互联网与传统行业相融合,这样才能更深层次地推动我国行业的进步与发展。这就意味着"互联网 +"正式被提出来,并逐渐得到推动。

1. "互联网 +"的界定

伴随着"互联网 +"的兴起与发展,社会上涌现出一系列新名词、新概念,而人们在探讨"互联网 +"问题时,首先要问的一个问题就是"互联网 +"究竟是什么?

在社会上,人们对"互联网 +"的概念有多种理解,下面列举几个比较重要的解释。

（1）于扬认为，"互联网 +"是"互联网化"这个概念的深化与提升，给各行各业的互联网化提供了具体的落地思路。

（2）马化腾认为，"互联网 +"是将互联网作为平台，运用信息技术与各行业进行跨界融合，推动传统行业的转型与升级，并不断创造出新的产品与模式，构建新的业态。

（3）阿里研究院认为，"互联网 +"是以互联网为主的一系列的信息技术在社会生活、经济等各个层面的应用。

（4）雷军认为，"互联网 +"是运用互联网的思维，与实体经济紧密结合，从而促进实体经济的增值与转型。

上述这些概念虽然各不相同，但核心内涵比较类似，下面对"互联网 +"概念的认识，遵从国务院的意见，即"互联网 +"是将互联网的成果与社会经济各个领域融合，推进技术的进步、效率的提升，提升生产力，形成以互联网作为创新要素与基础设施的经济社会发展的新业态。在这个概念中，"互联网 +"被定义得更为全面：宏观层面，从实体经济发展的角度考虑互联网对经济社会的影响和推动；微观层面，从技术进步、效率提升和组织变革的角度思考互联网与各领域的融合创新。

我们在对"互联网 +"进行解读时，要明确一点，这里的"+"不是简单的相加，而是强调基于以互联网为代表的信息通信技术与平台，引导与推动互联网与传统行业进行深度融合。在"互联网 +"背景下，各行各业与互联网进行深度融合，首先是各行业要抛弃自己对互联网的成见，转变自己的思维观念，要在意识上实现"互联网 +"。其次要充分认识到"互联网 +"是一种趋势，是一种方向。同时，更要深刻地认识到互联网只是服务于各行业而不会取而代之。因此，各行业要有主动去接纳、拥抱和融入互联网的勇气和气度，要有一种与互联网融合的胸怀和胸襟。

但我们同时也要清醒地认识到，"互联网 +"没有固定的模式、套路，它只是给各行业提供一个互联网化落地的思路。"互联网 +"不是万能的也不是包治百病的灵丹妙药。各行业及服务在与互联网进行跨界融合时，要善用互联网思维去观察和思考，认真研读自己的产品和服务所具有的跨界融合能力，切忌生搬硬套。

2．"互联网 +"的利弊

（1）"互联网 +"的利

作为互联网的升华和发展，"互联网 +"时代具有跨界融合、创新驱动、重塑结构、尊重人性、开放生态、连接一切六大特征。由于跨界融合和创新驱动我们在分析"互联网 +"界定的时候已经提过，这里就不再赘述，主要分析其余的四个基本特征。

第一，重塑结构。在"互联网＋"时代，其一大时代主题就是颠覆、改革。在这个崭新的时代，过往的一切结构、模式都变得陈旧和落后，已经很难适应当下的市场竞争和时代发展。因为在传统企业占据主流的时代，整个经济市场讲究的是小圈子模式，是小规模组织，而在"互联网＋"时代，跨界融合成为每个企业必须面对的挑战，以往的小圈子模式、小规模组织根本无法打造出竞争优势。要想达到这一目标，就唯有重塑结构。所以，"互联网＋"时代将会倒逼企业重塑结构，进行组织改革和创新，为企业注入更多的新鲜血液和互联网基因。无论是互联网企业还是各行业都要充分地认识到，在"互联网＋"模式下的融合并不仅仅是某领地的跨界或者某行业的延伸，而是其组织系统的重构，这就要求各行业要有系统重组的能力。为此，各行业包括互联网不仅要优化自己的内部组织系统，更要优化外部的资源生态系统，使双方更具有亲和力、协同性和融合力。只有这样，"互联网＋"各行业才能深度融合，并形成创新驱动。

第二，尊重人性。"互联网＋"时代尊重人性的特色，主要体现在用户体验这一点上。只要能给用户提供最好的体验，那么在尊重人性这一方面就是成功的。这也是为什么我们常常会看到这样一种奇怪的情景：海底捞、外婆家这些餐饮企业每天都有那么多人排队，而很多客户哪怕多等半个小时也无怨无悔。这是为什么呢？这是因为它们尊重人性，懂得用卓越的用户体验来获得消费者的死心塌地。

第三，开放生态。在"互联网＋"时代，移动终端、物联网和云计算的发展，打破了传统各行业领域边界范围，使得各种信息共享和资源共享成为现实。可以说"互联网＋"时代的经济就是共享（分享）经济。当前，共享经济这一模式已经在人们的消费、生产等多个领域渗透，并且成为创业者的一大选择，无论是营销策划、物流快递、生活服务还是交通出行等，共享经济都已经在逐渐渗透，这也促进了产业的不断创新与升级。

第四，连接一切。在"互联网＋"时代之前，万物是机械式的拼接在一起的时空，"互联网＋"来临以后，社会上形成了以互联网为万物的连接基础，互联网赋予万物一种无形的力量和空间，利用无边的信息纽带将万物紧密地连接在一起，实现了对万物的连接、改造和升级。

产生这种现象的原因是，"互联网＋"的基础是连接，它所连接的，既可以是传统产业，使其重新获得发展活力和成长性，也可以连接更加超前的新业态，实现自我更新和自我完善。简单来说，"互联网＋"就是实现全产业链的无缝连接。没有连接，就没有跨界，更没有融合，也就谈不上"互联网＋"。可以说，连接的泛化性是"互联网＋"时代最显著的特征。

（2）"互联网 +"的弊

上述论述了很多"互联网 +"的益处,但是不得不说,互联网也是一把双刃剑,有利必然有弊。

"互联网 +"对一些传统观念、道德理念的颠覆会对人们的价值观、人生观产生不利影响。尤其是互联网上存在一些网络色情、网络暴力等,这些都不利于青少年的成长。另外,"互联网 +"对于名利、金钱等的夸张与炫耀,会使人们增加一种失落感,甚至会产生仇视与愤恨。也就是说,如果任由互联网的任意发展,可能会造成社会秩序的混乱。

（二）"互联网 + 教育"的特点

互联网在教育中的应用是非常广泛的,通过对学习过程和学习资源的高效开展与利用,直接推动了教育的发展,并表现出"互联网 + 教育"发展的时代特征,具体表现如下。

1. 以学生为本

教育是为了培养符合社会发展的高素质人才,满足社会发展的要求,因此在教育过程中,非常注重学生的发展需求,并鼓励学生个人发展需求与社会发展需求相统一。

在"互联网 + 教育"的应用过程中,教学过程的开展不是要考虑教师应该教什么和如何更好地实现教师的教学,而是要将教学思考的重点放在学生需要学什么和如何更好地促进学生的学习方面。互联网技术的使用就是要更好地促进教师教学过程的顺利开展,最终实现学生的身心健康发展,为学生的发展需要服务。

2. 凸显教师

技术的发展依赖于人的创造,技术的应用依赖于人的实施,在教育技术发展过程中,技术的创造、创新与应用越来越重视人的作用。

在教育过程中,教师是一个非常重要的角色,也是教学的一个最重要的教学资源,随着互联网技术的发展,教育对教师的要求越来越高,人工智能的发展虽然可以将教师的一部分工作"代劳",但是教育不能离开教师的参与。教师的作用是不可替代的。

现阶段,随着社会发展对教育要求的提高,对教师的素质要求将会更高,教师实施教学,不仅仅是将教学知识直接向学生输出,教师在教学中对教学技术的应用水平也直接关系到学生的知识吸收与掌握程度,优秀的教师能选择和应用最佳的教学技术,从而为学生提供丰富的学习资源,引导和促进学生的知识体系构建。

新时期,随着互联网技术和人工智能技术的飞速发展,"互联网 + 教育"在教育实践中的应用,更应关注人的因素,包括教学技术的实施,也包括新的教学理论、思想观念、方法等的引入。

3. 可选择性

"互联网 + 教育"的发展是与新时期的科学技术的发展不断相适应的,教学技术对教学的发展促进使得学生和教师有了更多选择,在教学技术应用上表现出不同教学技术的"适者生存"。

每一次科学技术的发展都是一场科技革命,在新的技术革命中,会有各种新技术被提出并用于教育实践,但是哪一种技术的教学应用最有效,就能被最终保留下来,并进行广泛的教育推广。

在这里必须指出的是,信息技术教育的技术选择性更多地表现在有形的物质教学技术上。例如,在美国,1924 年诞生的教学机器,发展到 20 世纪 60 年代多达 83 种,但随着 PC 机的运用,很多教学机器都被淘汰掉了。先进的教学思想、教学方法的影响会持续发挥作用,并不会在新思想提出之后被否决。

4. 非替代性

"互联网 + 教育"的非替代性具体是指教学技术的发展是非替代性的。

任何事物的发展过程都是一个"以新换旧"的过程,都是新思想、新方法、新工艺、新技术对旧的思想、方法、工艺、技术的代替,但"互联网 + 教育"的发展并非如此,一个新的教育技术出现以后,旧的教育技术并没有马上退出历史舞台,就如同当前信息化时代,多媒体教学技术(幻灯、投影或者电视辅助教学)、网络教学技术(利用多媒体计算机网络为核心技术进行教学)不断发展与更新,但是传统的教学形式依然存在,并且始终发挥着不可替代的重要作用。

"互联网 + 教育"的发展是一种累积性的发展,并不是后一阶段的技术体系简单地替代前一阶段的技术体系,随着"互联网 + 教育"的发展,教育体系内容日渐丰富、教学手段日益多样化,教师和学生在课堂上有了更多的选择。

第二章 大学英语教学综述

随着社会的发展、科技的进步,人们学习英语的热情越来越高涨。英语是世界通用的重要语种,其在国与国之间的交往中发挥着重要作用。大学英语教学是高等教育的重要组成部分,其教学的目的是提升学生的英语综合能力,用于日后的跨文化交际。本章对大学英语教学进行综述。

第一节 大学英语教学的内涵

大学英语教学是我国高等教育的一门重要课程,而这门课程的内容与社会需要、国家需要、学生需要有着紧密的关系。对于大学英语教学的内涵,可以从多个层面来理解与把握。

一、大学英语教学的界定

作为一项活动,教学贯穿在整个人类社会的生产与发展过程中。也就是说,教学在原始社会就产生了,只不过原始社会将教学与生活本身视作一回事,并不是将教学视作独立的个体存在。但是,随着社会的不断发展,教学逐渐独立出来,成为一个单独的形态存在,并对人们的生产生活产生着重要的影响。由于角度不同,人们对教学概念的理解也不同,因此这里从常见的几个定义出发进行解释。

有人认为教学即教授。从汉字词源学上分析,"教"与"教学"有着不同的解释,但是从我国教育活动中,人们往往习惯从教师的角度对教学的概念进行解释,即将教学理解为"教",因此"教学论"其实就等同于"教论"。

有人认为教学即学生的学。有些学者从学生"学"的角度对教学进行界定,认为教学是学生基于教师的指导,对知识进行学习的过程,从而发展学生自身的技能,形成自身的品德。

　　有人认为教学即教师的教与学生的学。有人将教学视作教师的教与学生的学,即教师与学生将课程内容作为媒介,为了实现共同的目标,彼此共同参与到活动中。也就是说,教学不仅包含教,还包含学,教与学是同一过程的两个方面,彼此相辅相成、不可分割。教学的根本目的在于促进学生的进步和发展。因此,这一观点是对前面两个观点的超越。

　　有人认为教学即教师教学生学。对于这一观点,其主要强调的是教师指导学生"学习",即教师"教学生学",而不是简单的"教师教与学生学"这一并列的概念。也就是说,这一观点强调教师要教会学生学习,重视学生学习方法的传授等,让学生学会自主学习。

二、大学英语教学的属性

(一)有目的、有计划的系统性活动

　　说教学具有计划性、目的性,主要在于教师是为了让学生获得知识与技能,实现多层面的发展。在教学活动中,教师需要从教学任务与教学目的出发,将课程内容作为媒介,通过各种方法、手段等引导学生进行交往与交流,促进学生的全面发展。

　　大学英语教学系统性主要体现在其制订者的工作中,如教育行政机构、教研部门和学校的教学管理者等的工作。大学英语教学的计划性指的是对英语基础知识的计划性教学,如大学英语语音、词汇、语法、写作、阅读等具体知识和技能的传递。

(二)教师教与学生学的统一活动

　　前面通过对教学的定义进行介绍可知,无论就哪个角度而言,人们都不能否认教学活动是"教"与"学"的过程,并且二者是相互制约、相互依赖的关系。在课堂中,教师的教离不开学生的学,学生的学自然也离不开教师的教,因此二者是同一过程的两个层面。正如王策三在《教学论稿》中所说:"所谓教学,乃是教师教、学生学的统一活动;在这一活动中,学生掌握自身需要的知识与技能,同时促进自己身心的发展。"

　　需要指明的是,大学英语教学并不是教与学的简单相加,而是教师指导学生学习的过程,是二者相统一、相结合的过程。要想保证教与学的统一,不能片面地强调只有教或者只有学,也不能片面地简单相加,而应该从学生自身的学习规律与身心发展特点出发,进行教与学的活动。从这一点来说,教师教学能否成功的关键是学生的学。

（三）教师与学生以课程内容作为媒介的活动

也就是说,在教师教与学生学之间,课程内容充当中介与纽带的作用。师生围绕这一纽带开展教学活动。因此,大学英语课程内容是教学活动能否开展的必要条件。

（四）以建构意义作为本质的活动

大学英语教学活动的目的在于促进学生的全面发展,实际上这一目的实现的过程就是学生不断建构知识意义的过程,即学生对原有知识与经验进行重组,对新知识的意义加以建构的过程。在实际的学习中,学生只有将新旧知识的意义结合起来,才能真正地学好知识、掌握知识。

第二节　大学英语教学的内容与现状

在大学英语教学中,为了对教学活动进行合理的安排,保证课堂教学的高效率、高质量,教师应该把握具体的教学内容。这些内容不仅与大学英语教学的规律相符,也是教师处理教材、选择教学方法的重要参考,同时还是教师对教学动向进行把握、对教学效果加以评估的重要方针。但是,受一些主客观因素的影响和制约,目前我国的大学英语教学存在着很多的问题,只有对这些问题有清楚的认识与把握,才能采取有针对性的措施,从而不断提升大学英语教学的质量和水平。本节就来具体分析大学英语教学的内容与现状。

一、大学英语教学的内容

（一）教授语言知识

众所周知,想要掌握一门语言,必须熟悉这门语言的语音、语法、词汇、语篇、句法、功能等知识,这对于英语学习而言同样也不例外。大学生掌握英语这门语言的前提就是学习这些知识,将这些基础知识牢牢把握好,并在此基础上提升自身的语言综合运用能力。英语与汉语作为两种存在鲜明差异的语言,中国学生必须要形成英语思维,并利用英语思维学习英语,如此才能取得事半功倍的效果。

（二）教授语言技能

大学生在学习英语的过程中，掌握英语基础知识是基础，同时还要在语言知识的基础上掌握更多的语言技能，包括听、说、读、写、译。其中，听力技能的掌握可以帮助学生识别、分析、理解话语含义，提升自身的听力能力。口语技能的掌握主要是为了提升自身的语言输出以及表达思想的能力。阅读技能主要在于培养自身的辨认、理解语言知识内容的能力。写作技能是让大学生可以利用书面表达来输出自己的思想、表达自己的看法。翻译技能则是学生英语综合运用能力的一种体现，不仅涉及语言知识的输入，而且涉及语言知识的输出。

听、说、读、写、译是高校学生综合运用能力的基础，通过这五项技能的训练，可以保证学生在具体的实践中做到得心应手。

（三）教授文化知识

语言与文化密不可分，学习一门语言，必然离不开对该门语言背后的文化的学习。一旦语言教学离开了文化教学的底蕴，那么这种语言教学也就不再具有思想性和人文性的特点了。所以，教师在教授学生学习英语的过程中，一定要引导学生了解语言背后的文化知识，如英语所在国家的地理、人文、习俗、生活、社会、风土、人情等。

在具体的教学中，教师有两点需要引起注意。首先，教师讲授文化知识需要依据学生的心理发展以及认知能力，在此基础上循序渐进地导入文化知识，逐步培养大学生的文化素养，拓宽他们的眼界。其次，教师引入西方文化知识时要有选择性，不能盲目引入，避免学生形成崇洋媚外心理。

二、大学英语教学的具体问题分析

（一）受"应试教育"的制约严重

在传统教学模式中，应试教育是一个基本的目标，其主要目的是让学生成功通过考试。例如，在大学阶段，学生特别注重四、六级考试成绩，因为在他们看来，通过四、六级考试，就能够顺利毕业。但是，这样的考试就失去了英语教育的作用，也很难提升学生的英语实际应用能力。

（二）教材选择方面存在弊端

就很大程度而言,教材决定课程的教学内容与方法,因此无论对于什么课程来说,教材的选择与运用非常重要,当然大学英语教学也不例外。

但是,在我国当前的大学英语教材上,内容多是注重文字,忽视了实用性。虽然当前我们也引入了大量的国外教材,但是这些教材与我国的教学需要并不完全适应。因此,我国的教材仍旧存在明显的弊端。

（三）师资水平参差不齐

在大学英语教学中,教师是重要的组成因素,起着重要的引导作用。因此,教师素质高低,与学生英语学习的积极性有着直接的关系。但当前,很多学校的师资力量紧张,并且师资水平也存在差异,导致大学英语教学存在明显的师资问题。

（四）信息化教学效率低下

在信息技术飞速发展和广泛覆盖的背景下,有学者提出将教育信息化与传统教学理念相融合,这一理念的提出对教育行业的未来发展拓展了新的领域。近年来,很多研究人员在如何提升现代教育技术的实效性方面开展了众多研究工作,取得了一定的成果,但是问题仍然显著地摆在我们面前,表现在以下两个方面。

1. 学校方面

第一,现代教育技术的应用管理不足。学校领导是学校教学工作展开的主要影响因素,因此他们关系着现代技术在英语教学中的应用和实施。近年来,我国现代教育技术发展快速,但是不可否认,很多学校领导还是将学生文化成绩的提升放在学校工作的重要位置上,有些学校领导为了实现学生的"高分数",甚至放弃了英语教学创新活动的开展。

第二,学校难以引进专业的信息化人才。传统的英语教学模式已经使得英语不再是曾经的香饽饽,这给英语教学的前进之路造成了不小的障碍。当前,在发展信息化教学的过程中,需要认真探讨出符合时代发展的教学模式,包括信息化教学的指导思想、信息化教学师资队伍、信息化教学方法等。但是,由于种种主观因素和客观因素,一些专业的信息化人才不愿意走上学校的教学岗位,这也就直接制约着英语教学的信息化进程。

第三,教师的现代教育技术应用能力不足。虽然大部分教师对现代教育技术在提升英语教学效果方面的作用充分肯定,但在教学实践过程中采用多媒体教学的教师只占据一部分,这可能在很大程度上是因为教师对现代教育技术的应用操作流程不熟悉或者迫于教学目标的压力等。如果教师不在英语教学中使用现在教育技术,便无法在教学新模式中汲取新的知识和技能,更无法开展高效的教学实践工作。

2. 学生方面

学生对信息技术的掌握,在很大程度上影响着他们的英语知识学习和运用的效率。教学是针对整个学生群体而言的,英语教学信息化的高效实施,需要每一位学生的积极参与和配合。在教师减少传统教学手段而增加现代教学手段的使用频率时,学生应该以一种欢迎的态度面对这种情况,这更有利于教师开展信息化教学工作。然而现实中,很多学生习惯了传统的面授教学方式,而不适应当前的各种教育技术。

第三节 大学英语教学的理论依据

毋庸置疑,英语教学的展开离不开合理、科学的理论的指导,如语言本质理论、语言学习理论等,都是英语教学展开的理论依据。为此,本节主要针对英语教学的理论依据展开分析。

一、语言本质理论

(一)言语行为理论

奥斯汀(Austin)的言语行为理论首次将语言研究从传统的句法研究层面分离开来。奥斯汀从语言实际情况出发,分析语言的真正意义。言语行为理论主要是为了回答语言是如何用之于"行",而不是用之于"指"的问题,体现了"言则行"的语言观。奥斯汀首先对两类话语进行了区分:表述句(言有所述)和施为句(言有所为)。在之后的研究中,奥斯汀发现两种分类有些不成熟,还不够完善,并且缺乏可以区别两类话语的语言特征。于是,奥斯汀提出了"言语行为三分说",即一个人在说话时,在很多情况下,会同时实施三种行为:以言指事行为、以言行事行为和以言成事行为。

首先是表述句和施为句。

其一,表述句。以言指事,判断句子是真还是假,这是表述句的目的。通常,表述句是用于陈述、报道或者描述某个事件或者事物的。例如:

桂林山水甲天下。

He plays basketball every Sunday.

以上两个例子中,第一个是描述某个事件或事物的话语;第二个是报道某一事件或事物的话语。两个句子都表达了一个或真或假的命题。

换句话说,不论它们所表达的意思是真还是假,它们所表达的命题均存在。但是,在特定语境中,表述句可能被认为是"隐性施为句"。

其二,施为句。以言行事是施为句的目的。判断句子的真假并不是施为句表达的重点。施为句可以分为显性施为句和隐性施为句。其中,显性施为句指含有施为动词的语句,而隐性施为句则指不含有施为动词的语句。例如:

I promise I'll pay you in five days.

I'll pay you in five days.

这两个句子均属于承诺句。它们的不同点是:第一个句子通过动词promise 实现了显性承诺;而第二个句子在缺少显性施为动词的情况下实施了"隐性承诺"。

总结来说,施为句主要有如下几个特点。

第一,主语是发话者。

第二,谓语用一般现在时第一人称单数。

第三,说话过程包含非言语行为的实施。

第四,句子为肯定句式。

隐性施为句的上述特征并不明显,但能通过添加显性特征内容进行验证。例如:

学院成立庆典现在正式开始!

通过添加显性施为动词,可以转换成显性施为句:

(我)(宣布)学院成立庆典现在正式开始!

通常,显性施为句与隐性施为句所实施的行为与效果是相同的。

其次是言语行为三分法。奥斯汀对于表述句与施为句区分的不严格以及其个人兴趣的扩展,很难坚持"施事话语"和"表述话语"之间的严格区分,于是提出了言语行为三分说:以言指事行为、以言行事行为和以言成事行为。指"话语"这一行为本身即以言指事行为,指"话语"时实际实施的行为即以言行事行为,指"话语"所产生的后果或者取得的效果即以言成事行为。换句话说,发话者通过言语的表达,流露出真实的交际意图,一旦其真实意图被领会,就可能带来某种变化或者效果、影响等。

言语行为的特点是发话者通过说某句话或某些话,执行某个或某些行为,如陈述、道歉、命令、建议、提问和祝贺等行为。并且,这些行为的实现还可能给听话者带来一些后果。因此,奥斯汀指出,发话者在说任何一句话的同时应完成三种行为:以言指事行为、以言行事行为和以言成事行为。例如:

我保证星期六带你去博物馆。

发话者发出"我保证星期六带你去博物馆"这一语言行为本身就是以言指事行为。以言指事本身并不构成言语交际,而是在实施以言指事行为的同时,包含了以言行事行为,即许下了一个诺言"保证",甚至是以言成事行为,因为听话者相信发话者会兑现诺言,促使话语交际活动的成功。

在奥斯汀之前的实证哲学家都认为,句子只能用于对某种情况、某种事实加以描述与陈述,因此认为其只适用于正确或错误的价值,但是言语行为理论明确指出话语在现实中有着行事的能力,其不仅强调发话人的主体作用,也强调听话人的反应,因此其在英语教学中有着重要的意义。

对于教师而言,言语行为理论的核心在于以言行事或以言成事,强调的是语言应该用于具体的实践中,语言研究的重点应该置于语言运用,而不是语言形式或句法关系。这一理论为英语教学注入新活力,也给予教师一些教育方法方面的启示。在具体的英语教学中,作者认为可以将言语行为理论很好地融入进去,转变教师的角色,教师应该从主导者转变成组织者或参与者,让学生能够积极主动地参与其中,同时这一理论要求教师在授课中应该做到题材、体裁广泛,内容具有新颖性,并将跨文化背景知识融入其中,这样才能更好地让学生在知识、技能以及文化素养层面有所进步。

对于学生来说,言语行为理论有助于他们第二语言的学习。众所周知,英语具有很强的实践性,大学教育的特点也是以培养能力作为中心,立足于实用与能力,因此英语教学培养出的学生也必须符合社会的需要。而言语行为理论恰好与之相符,以这一理论为指导,学生才能不断参与实践,在实践中求得进步,充分调动自身的主观能动性。

(二)会话含义理论

要想了解会话含义,首先需要弄清楚什么是含义。从狭义上说,有人认为含义就是"会话含义",但是从广义角度上说,含义是各种隐含意义的总称。含义分为规约含义与会话含义。格赖斯认为,规约含义是对话语含义与某一特定结构间关系进行的强调,其往往基于话语的推导特性产生。

会话含义主要包含一般会话含义与特殊会话含义两类。前者指发话者在遵守合作原则某项准则的基础上,其话语中所隐含的某一意义。例如:

(语境:A 和 B 是同学,正商量出去购物。)

A：I am out of money.

B：There is an ATM over there.

在 A 与 B 的对话中,A 提到自己没钱,而 B 回答取款机的地址,表面上看没有关系,但是从语境角度来考量,可以判定出 B 的意思是让 A 去取款机取钱。

特殊会话含义指在交际过程中,交际一方明显或者有意对合作原则中的某项原则进行违背,从而让对方自己推导出具体的含义。因此,这就要求对方有一定的语用基础。

提到会话含义,就必然提到合作原则,其是对会话含义的最好的解释。合作原则包括下面四条准则。

其一,量准则,指在交际中,发话者所提供的信息应该与交际所需相符,不多不少。

其二,质准则,指保证话语的真实性。

其三,关系准则,指发话者所提供的的信息必须与交际内容相关。

其四,方式准则,指发话者所讲的话要清楚明白。

二、语言学习理论

(一)认知主义学习理论

认知主义学习理论认为,学习个体本身会对环境产生这样或那样的作用,大脑的活动过程能够向具体的信息加工过程转化。

人要在社会上生存,必然要与周围环境互相交换信息,作为认知主体的人也会与同类发生信息交换的关系。人是信息的寻求者、形成者和传递者,从一定意义上来讲,人的认识过程也就是信息加工的过程。

认知学习理论的基本观点为,在外界刺激和人内部心理过程的相互作用下才形成了人的认识,而不是说只通过外界刺激就能形成人的认识。

依据这个理论观点,可以这样解释学习过程,即学生从自己的兴趣、需要出发,将所学知识与已有经验利用起来对外界刺激提供的信息进行主动加工的过程。

从认知学习理论的基本观点来看,教师不能简单将知识灌输给学生,而要将学生的学习动机激发出来,对学生的学习兴趣进行培养,使学生能够将已有的认知结构和所要学的内容联系起来。学生的学习不再是被动消极的,而是主动选择与加工外界刺激提供的信息。

认知主义学习理论认为,在影响学生学习的因素中,学生自身已有的认知结构具有非常重大的影响,在教学中应将教学内容结构直观地展示给学生,让学生对各单元教学内容之间的相互关系有深入的了解。

(二)建构主义学习理论

建构主义学习理论认为个体与外部环境的交互作用使得知识得以产生,人们会从自己的已有经验出发来理解客观事物,每个人对知识都有自己的理解和判断。

建构主义学习理论认为,学生是在一定情境下,通过自己的主观参与,同时借助他人的帮助,通过意义建构的方式而获得知识的,而不是通过教师传授得到知识的。

建构主义教学理论则要求教师在学生主动建构意义、获取知识的过程中起到帮助和促进的作用,而不是给学生简单灌输和传授知识。因此,在教学过程中,教师首先要转变教育思想,改革教学模式。学生是在一定的学习环境下获取知识的,学生在获取知识的过程中需要主观努力,也需要他人帮助,而且也离不开相互协作的活动。建构主义学习理论要求有利于学生获取知识的学习环境应具备情境创设、协作、会话、意义建构四大基本属性或要素。下面具体分析这四个基本要素。

学习环境中必须要有对学生意义建构有利的情境。在建构主义学习环境下,教师要基于对教学目标的分析与对学生建构意义的情境创设问题的考虑而设计教学过程,并在教学设计中把握好情境创设这个关键环节。

在学生的整个学习过程中都离不开协作,如学生搜集与分析学习资料、提出和验证假设、评价学习成果及最终建构意义等都需要不同形式的协作。

在协作过程中,会话这个环节是不可或缺的。学习小组要完成学习任务,必须先通过会话来商讨学习的策略。学习小组成员之间协作学习的过程也是相互会话的过程,在这个过程中,学生的学习资源包括智慧资源都是共享的。

学习过程的最终目标就是意义建构。建构的意义指的是事物的本质、原理以及事物与事物之间的内在联系。帮助学生在学习中建构意义,就是帮助学生深刻理解学习内容反映的事物的本质、原理及其与其他事物之间的内在联系。

(三)二语习得理论

除了对第一语言习得的关注,心理语言学对第二语言习得也非常注重。所谓第二语言习得,即人们的第二语言的形成与发展的过程,其与第二语言学习有所不同,各有侧重。

二语习得理论于 20 世纪 60—70 年代形成,主要对二语习得的过程与本质进行研究,描述学生如何对第二语言进行获取与解释。对于这一理论的研究,学者克拉申(Krashen)做出了巨大贡献,并提出五大假设。

1. 习得—学得假说

所谓习得,指学生不自觉、无意识地对语言进行学习的过程。所谓学得,即学生自觉地、有意识地对语言进行学习的过程。"习得"与"学得"的区别如表 2-1 所示。

表 2-1 语言的习得与学得的不同

	习得	学得
输入	自然输入	刻意地获得语言知识
侧重	语言的流畅性	语言的准确性
形容	与儿童的第一语言习得类似	重视文法知识的学习
内容	知识是无形的	知识是有形的
学习过程	无意识的、自然的	有意识的、正式的

(资料来源:何广铿,2011)

2. 自然顺序假说

克拉申提出的这一假说主要强调语言结构的习得需要一定的顺序,即根据特定的顺序来习得语法规则与结构。当然,这也在第二语言习得中适用。例如,克拉申常引用的词素习得顺序如图 2-1 所示。

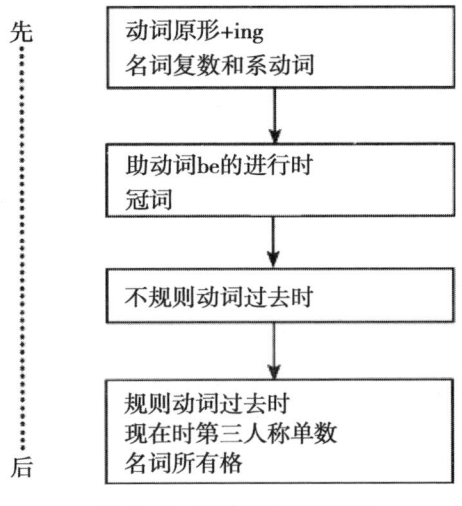

先

| 动词原形+ing |
| 名词复数和系动词 |

↓

| 助动词be的进行时 |
| 冠词 |

↓

| 不规则动词过去时 |

↓

| 规则动词过去时 |
| 现在时第三人称单数 |
| 名词所有格 |

后

图 2-1　词素习得顺序图

（资料来源：何广铿，2011）

由图 2-1 可知,将英语作为第二语言习得过程中,人们对进行时的掌握是最早的,过去时是比较晚的;对名词复数的掌握是比较早的,对名词所有格的掌握是比较晚的。

3.监控假说

克拉申的监控假说区分了习得与学得的作用。前者主要用于输出语言,对自己的语感加以培养,在交际中能够有效运用语言。后者主要用于对语言进行监控,从而监测出是否运用了恰当的语言。

同时,克拉申认为学得的监控是有限的,受一些条件的影响和制约,具体归纳为如下三点。

第一,需要充裕的时间。

第二,需要关注语言形式,而不是语言意义。

第三,需要了解和把握语言规则。

在这些条件的制约下,克拉申将对学生的监控情况划分为三种。

第一,监控不足的学生。

第二,监控适中的学生。

第三,监控过度的学生。

4.输入假说

克拉申的输入假设和斯温（Swain）的输出假设是从两个不同的侧面来讨论语言习得的,都有其合理成分,都对外语教学有一定的启示。输入假说的内容主要有以下几点。

其一,与习得有着紧密关系而非学得。

其二,掌握现有的语言规则是前提条件。

其三,i+1 模式会自动融入理解中。

5.情感过滤假说

"情感过滤"是一种内在的处理系统,它在潜意识上以心理学家们称之为"情感"的因素阻止学习者对语言的吸收,它是阻止学习者完全消化其在学习中所获得的综合输入内容的一种心理障碍。

克拉申的情感过滤假说是指在第二语言习得中,将情感纳入进去。也就是说,自尊心、动机等情感因素会对第二语言习得产生重要影响。

克拉申把他的二语习得理论主要归纳为两条:习得比学习更重要;为了习得第二语言,两个条件是必须的:可理解的输入(i+1)和较低的情感过滤。

第四节　大学英语教学的常见方法

随着 17 世纪现代英语的诞生与发展,有关英语教学法的研究就从未间断,并一直成为很多学者研究的重点问题。到了现代,英语教学法向着多元化、综合化的方向发展。因此,下面就介绍几种常见的大学英语教学法,以便于教师能够对其灵活掌握,从而对自身教学效率与效果的提升大有裨益。

一、交际教学法

形成于 20 世纪 60—70 年代的交际教学法,目前在教学领域使用频率较高。语言是人们进行交际的工具,因此人们只有掌握了一门语言才能顺利地进行交际。A. P. R. 豪厄特(A. P. R. Howatt)认为,交际教学法有强弱之分。有"弱"当然就有"强"。"弱"的说法将交际视为教学的重点,"强"的说法侧重于把教学的重点放在交际过程的需要上面。假设把"弱"的说法定义为"为学习而学习英语",那么与之相反的"强"的说法就是"为运用而学习英语"。

语言的获得与语言的教学不是一回事。语言的获得指的是学习者在自然状态下通过交际活动而间接掌握语言;而语言的教学则是教师直接向学生传授语言知识,然后学生通过在生活中运用知识而最终掌握它。这二者的共性在于学生最终都掌握了语言结构,但差异性在于交际能力所达到的程度是不一样的。假设一名学习者是通过语言的教学来掌握英语,那么他的语言交际能力就比不上那些在交际活动中获得知识的人。

（一）交际教学法的特点

1. 以交际为目的

教学是一个师生之间双向互动的过程。在这个过程中,教师和学生之间进行思想、感情、信息的交流。为了师生能够更好的交流,课堂气氛和活跃度应该达到一定的要求。教师应该为学生创造更多与教师互动的机会,充分调动学生的积极性,从而提高他们的口语交际能力。在师生课堂交际的过程中,教师只是课堂中的引导者,学生是课堂的主导者。要衡量英语课堂教学的质量,首先应该看师生之间口语交际的双向互动,注重学生在课堂中用英语进行交际的次数和频率。只有在课堂中加入双向互动的环节,交际教学法才实现了原有的价值。

2. 发挥学生的主体性

在交际教学法的课堂中,教师应该突出学生的主体地位,围绕学生来进行教学设计,尽量把教学任务和学生的生活实际结合在一起,提高学生参与学习的热情和积极性,从而获得更多口语交际的机会。

学生一旦成为知识的主体,就会在学习过程中掌握主动权,积极地学习英语知识。只有学生处于这一状态,他们才能在大量的口语交际中获得知识,提高能力,从而在未来阶段的学习中不断达到更高的要求。

3. 照顾学生的个体差异

由于基因遗传以及后天的影响,学生在性格、兴趣、思维、记忆等方面都表现出很大的差异,因此在学习一门非母语的语言时难免会达到不一样的学习效果。所以,教师应该根据不同学生的不同特征对教学方法和内容进行适当的调整。在交际教学法中,教师就可以较好地照顾到每名学生的水平和特征,从而给予每名学生适合的教学。

（二）交际教学法的设计

1. 创设良好的课堂气氛

传统的教学方法比较单一、机械,教学过程枯燥乏味,学生学起来没有任何兴趣可言。交际教学法要求教师把知识的讲解和激发学生的兴趣有机结合。一方面,教师可以准备更加丰富多彩的词汇教学资源,有利于吸引学生的注意力;另一方面,教师可以利用信息技术使教学资源的呈现方式更加有趣,如和图片、视频、动画等结合起来,这样就大大提高了教学效率。

在教学过程中教师一定要让他们学会用英语思维去表达自我,从而进一步激发他们学习英语的热情。英语教学最终的目的也是使学习者能够学以致用,在之后日常交际中能够充分地表达自己,所以在课堂中,教师应该尽可能地为学生提供这样的机会,从英语听、说、读、写、译几个方面同时入手,达到全面提高的目的。

随着学生语言输出能力的提高,他们运用英语进行日常交际的信心就增加了,从而增加了学习英语的兴趣。教师也可以通过词汇抢答游戏和 PK 比赛等来检测学生的课前学习情况,这也同时帮助学生记忆了词汇知识,从而既避免了学生"浑水摸鱼",又活跃了课堂气氛,最后提高了学生的学习兴趣。

2. 呈现交际多样性

在课内,教师可以通过在英语课堂教学中融入角色扮演、情景模拟等方式,为学生创造更多口语交际的机会,充分尊重学生的教学主导地位,让他们在亲身参与中不断提高口语交际能力和英语运用水平。情境创设是教师将教学目标加以外化,形成一个学生能够接受的情境。但是,很多教师在创设情境时,往往忽视了其基本的教学目标,导致教学中很多情境与教学目标无关,让学生对教学目标难以把握,因此教师在创设情境的时候,必须对教材进行认真研究,理解每一单元教学的重难点,然后紧扣教学目标,创设情境。简单来说,创设的情境要与教材的特点相符,凸显重难点,从而促进大学生的英语学习。

在课外,教师可以通过在学习管理系统中开辟一个专门的讨论区,或借助专门的在线交流工具,和学生以课外学习内容为主题展开交流和讨论。讨论主题既可以是教师预设的,也可以由学生创设。这样一种师生在线辅导和生生自组织学习的学习模式就形成了。借助这种学习模式,学生和教师之间可以进行深度的交流,从而提高自己的口语交际能力以及参与课堂的积极性。

二、任务型教学法

任务型教学法又称作"任务型教学途径",是一种基于任务展开的教学方法与形态。在大学英语教学中,任务型教学法非常常见,是教师预设任务并引导学生用所学完成任务的一种教学形态,是提升学生语言运用能力的一种重要手段。从学生学习英语的目的与特点出发,我国大学英语教学倡导采用任务型教学法,让学生基于教师的指导,通过体验、感知、参与、实践等,实现任务的目标,在做中学。

（一）任务型教学法的步骤

任务教学法将任务的完成作为主要教学活动,让学生通过完成任务来习得语言。一般来说,任务型教学法具有如下几个特点。

其一,任务主要包含的是真实的语言运用过程。

其二,学生要自主地完成教师要求的任务,并对任务的交际性结果予以明确。

其三,强调学生要通过自主学习、合作学习等途径来完成任务。

在实际的操作中,任务型教学法一般包含三个步骤,具体如表 2-2 所示。

表 2-2　任务型教学法的具体实施步骤

主要步骤	目的	要点
任务前	任务呈现与准备	教师将任务情境引入,向学生明确任务要求,为学生提供完成任务的基本语言知识
执行任务	任务完成的整个过程	学生运用语言对问题加以解决,这些问题涉及对计划的制订、实施与完成;教师在其中扮演着监督、组织、促进与伙伴等角色,辅助学生完成任务
任务后	任务展示、评价与提升	学生将结果进行展示与汇报;教师对任务完成情况进行评价,并指出优劣之处

（资料来源：陈冬花,2015）

三个步骤给予了明确的任务,教师首先为学生布置任务,并提供具体的条件;指导任务,执行任务,并辅助学生解决在任务执行过程中遇到的一系列问题;组织学生对任务加以展示与汇报,最后给予评价,并布置新的任务。通过这些任务的完成,学生可以不断体验到语言学习的快乐,并真正地习得语言知识与技能。

（二）任务型教学法的设计

任务型教学法将语言任务作为学生学习的目标,对任务完成的过程就是学生学习语言的过程。任务型教学法设计的核心在于：将人们在生活中运用语言来从事的各项活动，引入到具体的课堂中，进而帮助学生实现语言学习与日常生活的结合。因此，如何对任务进行设计是任务教学法能否实施的关键层面。

简单来说，教师在设计任务时应该着重考虑学生的"学"，让学生具有明确、清晰的学习目标。具体来说，主要从如下几个层面着眼。

1. 设计真实意义的任务

所谓真实意义的任务，即与现实生活贴近的任务。在教学中，教师所设计的任务应该是对现实生活的演练与模拟，学生通过对这些任务加以完成，不仅能够掌握具体的语言知识与技能，还能够将这些能力运用于具体的生活中。

2. 设计符合学生兴趣的任务

大学阶段是学生发挥兴趣与特长的重要阶段与关键时期，因此教师在设计具体的教学任务时，应该从他们的心理与年龄特征出发，设计出与他们的兴趣相符的任务，并且内容也要具有新颖性。例如，以师生互动、生生互动的形式进行角色扮演或开展演讲等都是比较好的活动。

3. 设计能够输出的任务

教师设计的任务应该是真实的、与学生的语言水平相符的输出活动。也就是说，任务需要以"说、写、译"这些"语言输出"的形式进行呈现。

教师在设计任务时，最重要的一点是需要考虑学生在任务完成的整个过程中能否自然地运用英语。当然，完成任务并不是任务型教学法的主要目的，而是要求学生在完成任务的过程中习得英语。英语课程就是要让学生逐步在运用中内化知识，这就需要教师在设计任务时，应该让学生通过完成任务，自然地掌握英语知识，内化英语知识，习得英语技能。

三、个性化教学法

"个性"一词源于希腊文 persona，是指演员演戏时所用的面具。从不同的角度，可以对"个性"给予不同的界定。

从心理学的视角看，个性是指"个体精神面貌的总体概括，是个体基于自身的生活经历而形成的稳定特征"。换句话说，心理学将个性界定为个体特有的行为倾向和心理内部表征。可见，个性是一种心理现象，同时外显为一定的言行。

从哲学的角度来看,个性首先侧重于人的世界观,进而反映人的本质以及在社会体系中的地位。

从教育学的角度来看,个性是个体多种素质的综合体,包括尊严、人格、价值观和创造性思维等。个性表现为整体性与个别性。从整体性的角度来看,个性是个体许多素质的总和;从个别性的角度来看,个性是区别于他人的本质所在。

（一）个性化教学的内涵

学生具有个性和需要的差异,个性化教学就是教师在个性化的教学中满足学生个性化的学习需要,使学生的知识、能力、情感得以健康的发展。个性化教学要求教师在教学中尊重每一个个体的尊严和个别差异。除了学生,教师也是教学中的主体,所以个性化教学不仅要满足学生的需求,也要满足教师的精神和物质需求。总结起来,个性化教学可以从以下两个方面来理解。

1. 旨在彰显师生个性

个性化教学的目的在于彰显师生个性,这包括以下三个方面的内涵。

（1）个性化教学不等于个别化教学。个别化强调少数的、单独的,因此个别化教学的对象是少数学生。个性化教学强调的是学生的个性需求。显然,个性化教学不同于个别化教学。

（2）个性化教学不等于个体化教学。个体化强调的是事物的单一性、独立性,因此个体化教学更强调的是一对一的教学。

（3）个性化教学不反对集体教学。个性化教学强调的是所有学生的个性化发展,因此和集体教学并非背道而驰。只要教学满足了学生的个性需求,无论是个体化教学还是集体教学,都可以称为个性化教学。

2. 个性化的教和个性化的学

教师和学生都是教学的主体,因此个性化教学就是个性化的教和个性化的学的统一。这可以从以下三个方面来解读。

（1）个性化教学是教师教和学生学的统一活动。个性化教学可能因为教学条件的变化而引起一些形式上的变化,但在个性化教学中,教师和学生仍是互相依存的必要主体。个性化教学的终极目标依然是学生的健康发展。特别是对于学生的个性培养,个性化教学发挥着重要作用。在世界课程改革的潮流下,教学开始指向人的自由与解放,注重凸显出每名学生的个性发展以及创造性表现。个性化教学不仅帮助学生实现在童年期、青春期个性的发展,更帮助学生形成以利于其终身学习的稳定的个性。

（2）教师的个性是教师的个性化教的基础。个性化教学如何实现,是每个学校都在思考的问题。有学者明确指出,教师的个性解放是实现个性化教学的前提和基础。教师教育观念的更新、教师科研的促进和个性品质的引导又是解放教师个性的条件。个性化教学要求教师具备全面和系统的教学观念,并且随着时代的发展更新自身的教学观念。教师的个性品质对学生的精神世界产生着巨大的影响,它是由认知、思维、价值观、兴趣、情感、态度和需要等构成的复合体,是教师教学效果出现差异的重要原因之一。

（3）学生的学建立在学生自身个性的基础上。个性化学习要求学生具有一定的个性品质,从而发挥学习者的最大潜能。在个性化学习中,学生自定学习目标,自选学习内容,自己安排学习进度。总之,个性化学习的实现需要学生"会学""乐学"和"创造性地学"。这些都要求学生具备独特的个性、创造性的思维,敢于迎接挑战。

（二）个性化教学的特点

大学英语个性化教学就是基于学生不同的英语水平和个性,提高学生学习英语的积极性,培养学生独立思考和学习的能力,提高学生的英语交际能力。在大学英语个性化教学中,教师需要尊重每一位学生的价值,使学生最大限度地发挥自己的潜力,让学生能够顺利地用英语进行交流。大学英语是必修课程,修大学英语课程的学生来自各个专业,这就给大学英语教师把握学生的整体英语水平带来了障碍。因此,大学英语教学需要掌握一定的教育理论和方法。英语教学是一种语言文化的素质教育,与其他教学有着不同的特征。大学英语个性化教学大致具有以下四种特征。

1. 差异性

不同学生本身就存在很大的差异,教师不能忽视这些差异,而要根据不同学生的特点施教,要尽可能地使学生发挥内在的潜力,使教学形成差异,这就是个性化教学。个性化教学应该是理解差异、形成差异和解决差异的教学。大学英语个性化教学的差异性主要表现为三个方面。

（1）教学所针对的教学对象具有鲜明差异特点。众所周知,每一名学生自身的英语基础与其他学生是不一样的,对英语的学习期望也是不同的,这就导致不同学生对英语所产生的最近发展区是不同的。另外,大学英语的教学对象不仅包括本专业的学生,而且还包括其他专业的学生,不同的专业特性导致学生所接触的英语学习内容也是存在差异的。

（2）英语教师的教学风格存在鲜明差异。教师个人的经历、教育、年龄、生活、习惯等不同,导致了他们会形成不同的教学风格,而这一点往往是个性化教学得以实现的基本条件。

（3）师生的人格平等。师生在人格上的平等是学生发展独立人格的基础,也是教师开展教学活动的根本性前提。师生的人格平等还体现在教师充分尊重学生的个性差异,让每名学生都能得到应有的个性发展。

2. 多样性

大学英语个性化教学的多样性主要体现在以下两个方面。

（1）教和学的多样性。既然大学英语个性化教学尊重每名学生的个体差异,那么大学英语教学就不能仅仅遵循某一种教学模式,不能仅仅使用某一种教学方法、测试方式,不能仅仅追求一种规范的教学大纲,而应该按照不同学生的不同需求进行多样化设计。

（2）英语技能的多样性。大学英语教学不仅要求学生获得一定的英语知识,更要培养大学生的跨文化交际能力,如听、说、读、写、译等方面的能力。值得强调的是,每名大学生在每一种能力的发展程度上是不均等的,而是在特长方面具有不同的侧重点。

3. 针对性

在大学英语个性化教学中,教师需要根据学生的个性化需求进行针对性的指导和帮助,这不仅反映了大学英语教学在满足学生个性化需求方面的基本事实,能更好地发挥这部分学生的个性特长,也能整体提高教学质量。具体来讲,大学英语教师应该善于通过教学诊断发现学生的个性化需求,在备课和上课时充分发挥教学机制,从而进行有针对性的教学。大学英语个性化教学的针对性具体包括以下几个方面的内涵。

（1）大学英语个性化教学的针对性源于受教育者的差异性。学生具有不同的学习起点、智力水平和需求。大学英语个性化教学的针对性是指教学目标、内容、手段等都要符合学生的需求,能够深入学生的内心。

（2）大学英语个性化教学的针对性否定"一刀切"原则。教师要根据学生的能力、个性、文化背景选择适合的教学内容、教学方法和评估方式,把学生和教学活动进行细致的划分。

（3）大学英语个性化教学的针对性还要求教师根据不同学习风格学生的特点进行施教。学生的生理因素、情感和社会环境都会影响着学习风格。学生不同的学习风格体现在学生对信息的采集和加工上。教师要根据不同学生的不同学习风格制订个性化的教学方案,以提高学生的学习效率。另外,教师还需要协助学生剖析自身的风格特征,引导他们利用自己的特长来开拓学习方式,补充以往的风格存在的缺陷。

4.交际性

人们交往的关键工具就是语言,语言最根本的性质就在于交际性。语言承载着文化,文化体现在语言上。在大学英语教学当中,语言和文化是不可分的。因此,大学英语教学富含浓厚的文化韵味。大学英语课程不单单是语言基础知识课,更是熟悉世界文化的素质教育课。大学英语教学的重点内容是跨文化交际,教师需要思考对学生文化素养的培育以及世界文化知识的传输。文化知识和适应能力是交往能力的关键构成,语言交往能力本质上是更深层次地获取文化知识的基础。

(三)个性化教学的设计

个性化教学体系如下。

1.大学英语个性化教学的目标设计

教学目标是教学主体事先计划的所要达到的教学结果。教学目标是教师和学生共同的目标。大学英语教学的主要目标就是提高学生的英语综合应用能力,使其在社会中利用英语顺利地交流,并让学生具备一定的文化视野。随着高等教育从精英化走向大众化,高等教育的理念、功能、目标和模式都会发生变化。

2.大学英语个性化教学的方法设计

实施个性化的教学方法,要注重实现从以往传授为主的教学向以指导为主的教学转变,注重学生在职业和生活中英语综合应用能力的培养。教学方法要灵活多样,适应不同学生的个体差异。

(1)情境教学法

情境教学法要求教师从学生的特点、教学内容出发,将具体情境融入教学,以帮助学生更好地发现与解决问题。情境教学法主要分为三个步骤,如表2-3所示。

表2-3 情境教学法的具体实施步骤

主要步骤	目的	要点
情境创设	将问题加以呈现	教师通过运用多种媒体与手段,对特定情境加以创设,向学生提出问题

续表

主要步骤	目的	要点
语言训练	对问题进行分析与准备	通过图片、动画等,教师将问题所需要的语言知识呈现出来,并设计与特定情境相关的语言训练,为学生完成学习目标做准备
情境运用	对问题加以解决	教师重新呈现开始的情境,而学生在具体的情境中运用语言,对问题加以解决;教师对学生的表现予以观察,并给予评价

（资料来源：陈冬花,2015）

如何创设与运用情境,也是决定教师的情境教学法运用能否成功的关键。

首先,紧扣教学目标,创设情境。情境创设是教师将教学目标加以外化,形成一个学生能够接受的情境。但是,很多教师在创设情境时,往往忽视了其基本的教学目标,导致教学中很多情境与教学目标无关,让学生对教学目标难以把握,因此教师在创设情境的时候,必须对教材进行认真研究,理解每一单元教学的重难点,然后紧扣教学目标,创设情境。简单来说,创设的情境要与教材的特点相符,凸显重难点。

其次,建立情境之间的联系。教师设计的情境要能够在大学英语教学中自由伸缩,即随着教学活动的展开,情境之间必然是需要具有关联性的,不能是孤立的。因此,教师需要对整节课的重点加以把握,设计一个大的情境,然后将各个小情境加以串联,从而使各个环节紧密结合。可见,教师在创设情境时,需要把握情境之间的连续性,使教学过程随着学生的情感活动不断变化与推进,从而进一步得到深化。

（2）多媒体教学法

多媒体是信息的多种媒体的综合,也就是声音、文字、图形、视频、动画、影像等的结合体。将多媒体这一高端技术引入教学中,就产生了多媒体教学,是一种先进的教学模式。运用多媒体展开教学,并不是简单地将各种多媒体资料加以拼凑,而是教师根据教学目标、教学内容、教学对象等将声音、文本、图像、动画等不同形式的信息有机结合在一起,并与传统的教学手段相结合参与教学过程,从而使教学效果达到最优化。教师在运用多媒体教学法时,需要把握以下几点。

第一,选择恰当的教学媒体。即便教学媒体相同,但作用于不同的教学内容时,教学效果也是不一样的。反过来,不同的教学媒体作用于同一教学内容时,教学效果也可能不同。所以,在教学中要讲究多种教学媒体的协调使用。具体而言,在教学过程中,教师要将教学挂图、课堂板书、模型、演示等教学媒体协调穿插在教学过程中,这样才能让它们发挥各自的作用,从而提高教学效果。安德森的教学媒体选择流程图为教师选择合适的媒体提供了思路,如图 2-2 所示。

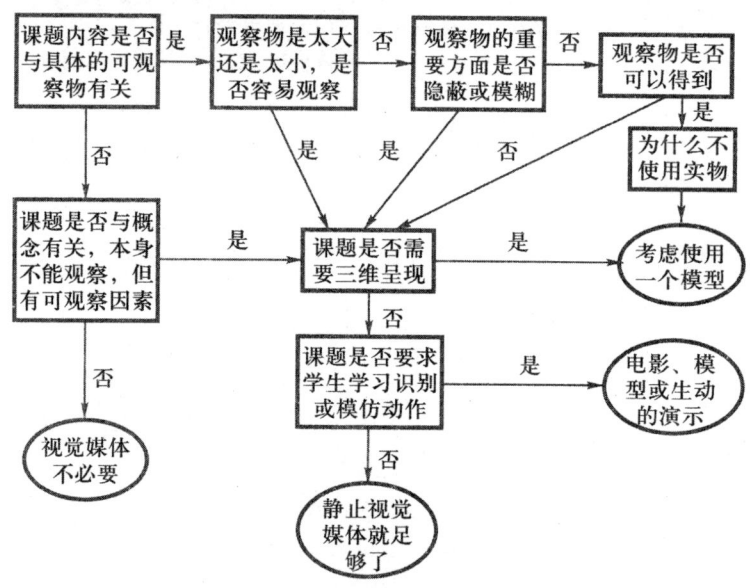

图 2-2　教学媒体选择流程

(资料来源:陈冬花,2105)

第二,抓住最佳展示作用点和作用时间。多媒体技术在教学中的运用,可以将教学内容中的声、像、色、光完美整合,形成令人印象深刻的视听效果,使枯燥的教学变得直观生动。但是,教师在设计多媒体课件时,过于注重吸引学生的视听注意力,而忽视了教学内容,进而偏离教材,喧宾夺主。对此,在多媒体教学中应抓住多媒体的最佳作用点和作用时间,从而将多媒体教学独有的魅力彻底释放出来。

第三,善于利用故事。好的故事可以成为教师和学生良好的话题切入点。在选择故事时,教师要充分考虑学生的生活实际。故事教学可以使复杂的语言教学变得简单易懂。在开展故事教学时,教师要对故事的背景进行简要讲解,减少学生学习的障碍。在具体讲解时,教师可以利用多媒体进行播放,通过画面的展示让学生了解其中的时间、地点等因素,帮助学生更好地理解故事,并强化学生的听力能力。此外,教师可以向学生提问,让学生讨论和猜测某些情节,充分发挥学生的主体作用。教师还可以鼓励学生对故事进行复述和翻译,从而厘清故事的发展顺序,掌握其中的知识点。要想知道学生对故事教学的接受程度如何,可以通过故事表演来加以检测。对于学习有困难的学生,教师可以让他们富有感情地朗读故事;对于学习能力较强的学生,教师可以让他们背诵并表演。此外,教师还可以让学生改编故事,学生可以大胆地想象,并通过多媒体进行展示,这能有效提高学生的表达能力和创造能力。

第三章 "互联网+"与大学英语教学的关系

从当前大学英语课堂教学的种种现象考虑,社会各界呼吁大学英语课堂应该追求质量。但是,如何真正地提升教学质量,还需要将大学英语教学与"互联网+"相融合,从而使大学英语课堂教学更有趣味性。本章就来分析"互联网+"与大学英语教学的关系。

第一节 "互联网+"背景下大学英语教学面临的机遇与挑战

"互联网+"的出现要求各方面事物都应尽量与互联网技术相结合,这是各方面事物在当下的发展趋势,大学英语教学也应顺应这一发展潮流,寻求与互联网技术结合的机遇,以此提高大学英语教学的效果。

一、"互联网+"背景下大学英语教学面临的机遇

国内很多专家对互联网环境下的课堂教学实践进行了多次探讨与尝试,但是在具体的实施过程中,能够取得明显效果的学校并不多,这不得不引人深思。

（一）与传统课堂的碰撞与对接

1. 与传统课堂的碰撞

互联网时代下的大学英语课堂与传统课堂的碰撞主要体现在教育理念上,因为当前的教育仍旧难以摆脱"应试教育"的枷锁,并且互联网时代下的大学英语教学要求革除传统教育理念、教学方法上的弊端。下面就对这两点做具体论述。

首先,难以摆脱"应试教育"的枷锁。众所周知,在互联网时代下,传

统的教学模式已经与当今的课堂不相适应,但是面对毕业、就业压力,当前的大学英语教学仍旧未脱离"应试教育"的枷锁。当前的大学英语教学要求学生要学会自主探究、自主预习、自主总结,同时培养自身学习的习惯与思维,要在教师的指导下体验概念与规律的探究过程,并在学习中培养求知精神。但是现实是,在大学英语教学中,很多教师主要侧重于讲授,对学生进行"满堂灌"式的教学,未能顾及每一位学生的接受与感受情况,使学生的主体地位丧失。也就是说,当前的大学英语教学中,教师的教学思想还未根本改变。

很多家长对于学生的考试成绩过分看重,却忽视学生整体素质的提升,教师也未考虑学生的全面发展与终身发展,一味地追求成绩,导致课堂教学主要以知识传授为主,教学过于机械化,搞题海战术,这就很容易让学生丧失探究能力与解决问题的能力。因此,如果不对传统教学观念与方式进行改变,包含互联网时代下的大学英语教学在内的任何教学形式都很难进行到底,教学大纲的要求也就很难实现了。

其次,互联网技术要求革除传统教学理念、教学方法上的弊端。由于应试教育理念的存在,很多大学英语教师在教学理念与方法上存在着某些问题,这对于他们自身的专业发展是非常不利的,也会影响学生的全面发展。

2. 与传统课堂的对接

虽然传统课堂教学有着明显的弊端,互联网时代下大学英语教学的优势也凸显出来,但并不是说要完全舍弃传统课堂,而是要求二者的完美对接。具体而言,主要从如下几点着眼。

首先,学校作息时间安排问题。互联网时代下的大学英语教学需要学生花费很多的课后时间展开自主学习,要求教师在教学时间上进行合理安排。在互联网时代下的大学英语教学中,教师不应该占用学生过多课余时间,应该让他们能够有时间展开自主学习。学生在课后的主要任务就是观看教学视频,进行针对性练习。

其次,学科适用性问题。目前,国外很多的信息技术与大学英语教学结合的实践都是针对理科来说的,并且理科具有明确的知识点、概念等,教师只需要讲好一个公式、一个例题就可以,因此容易实施这一模式。但是,对于文科来说,其讲授的内容比较广泛,需要师生之间展开思想、情感上的交流与沟通,因此这对文科类教师提出了一个大的挑战。这就要求教师要不断提升教学视频的质量,通过教学视频,将所要讲述的知识点进行概括,将相关的理论加以阐述,让学生在课后查阅相关的资料,并进行主动思考,然后在课堂上与教师或其他学生进行讨论,直至深化对该问题的理解。因此,对于不同的学科,教师需要采用具体的策略来实践信息技术与大学英语教学的完美结合,并从学生的反馈情况入手,对相应的教学情况加以改革。

再次,教学过程中信息技术的支持。互联网时代下的大学英语教学的实施必然需要信息技术的支持,从教师对教学视频的制作、学生的观看等,都需要信息技术的参与。但是当前,网络宽带、速度等问题对我国各大高校开展在线教学有了一定的限制,因此在实施互联网时代下的大学英语教学时,学校需要对这一问题加以解决。同样,在教学视频制作的质量上,教师也需要进行拍摄、剪辑等,因此需要一些专业人士的辅助,当然不同的学科有不同的风格,教师需要根据自身学科的特点来定。

最后,对教师专业能力的挑战。在互联网时代下的大学英语教学的实施过程中,教学视频的质量、与学生展开互动指导、课前学习任务设计等都需要教师完成,因此要加强对教师进行培训。在提升他们专业理论水平的基础上,不断提升他们的科研能力,对学生的个体差异进行关注,并给予个性化指导。同时,在教师的技术素质上需要进行培训,便于他们制作出生动活泼、丰富的视频资源。

(二)应用型人才培养的呼唤

近年来,国家号召地方高校应该向应用型高校转型,目的是培养出一大批的应用型人才,与应用型人才培养理念相适应,努力实现自己在社会发展中的价值与使命。在培养应用型人才的一系列改革之中,任何一所高校如果不进行变革,那么就很难接近教育改革的核心,很难真正实现优质的教育。也就是说,改革必须要先行。

培养什么样的人才,如何培养人才是当前高等教育思考的问题。为了实现人才培养与社会的对接,培养出高素质的应用型人才,是当前很多高校的必然选择。这一方案的提出是我国高等教育面对社会转型、面对产业升级、面对市场方式转变、面对严峻的就业形势,不得不做出的选择,其不仅有助于社会的转型与发展,还有助于实现人才的多样化发展。

1.应用型人才的培养目标定位

对于应用型人才,一般可以认为有三个关键特征。

第一,具有人才的特征,即他们的素质较高、能力较高,具备一定的专门知识和技能,能够进行创造性的活动,为社会做出一定的贡献。

第二,具有应用型的特征,这一特征与学术型人才与技能型人才相对应,应用型人才主要面向的是基层,不仅具有扎实的基础与素养,还具有应用型的思维,具有较强的动手能力,善于运用自身掌握的知识,将理论知识付诸实践。

第三,具有创新性特征,这一特征要求人才在富有变化的时代中紧随时代的步伐,必须开拓自己的视野,具有逆向思维与发散性思维,能够将自己的想法付诸实践。

基于此,在应用型人才培养目标的定位上,知识结构以"厚基础、宽口径、重应用、强创新"作为培养人才的基本原则,强调学习的目的就是在于会应用,突出新技术、新理论等在行业中的灵活运用。能力结构侧重指挥、组织等应用能力的训练与培养,凸显创新精神与创新意识等。人格结构强调要具有强烈的探究欲望,具备高度的团队合作意识等。

为了更好地培养应用型人才,教师不仅要对当前社会经济发展的需求有清晰的认识,还要对未来的发展走向予以明确,为学生拓展就业之路、创业之路,为他们未来的职业规划考虑。

面对当前国家经济转型与接轨的需求与特征,教师以能力本位的学习作为着眼点,积极探索培养全新的应用型人才,对学习方式、学习内容等进行改良,努力将学生的学习兴趣激发出来,帮助学生掌握扎实的理论知识,使他们具备较高的应用能力与专业素养,能够采用科学的思维方式进行学习与管理,让他们在开放的环境下有自己的坚守,不盲从,能够抒发自己的创新见解,在竞争中求得生存与发展。

面对未来的不确定性,教师们也在不断地进行思考。随着信息技术的发展,如何为学生规划更好的未来呢? 当前,人与人之间的竞争越来越激烈,一些岗位可能会消失,那么什么样的人不会被社会淘汰呢? 教师在大学阶段需要教授给学生什么呢? 这些问题都是教师思考的问题,教师应该研究他们的适应能力以及他们的核心素养,不断培养他们分析问题的能力,让他们在浩瀚的知识海洋中学会学习、主动学习,学会终身学习,教师要教会他们面对复杂的环境应该做何选择,应该如何把握时机,从而使自己更好地融入社会,超越自己。

2. 应用型人才培养对课堂教学的要求

为了能够培养出高素质的应用型人才,为了能够让学生将知识转化成现实生产力,有些教师对课程体系进行了一系列的调整,支持学生可以对自己的专业进行自由的选择,鼓励学生进行创新活动。课堂作为学生学会知识的主要渠道,是体现学校办学理念、实现人才培养目标的主要阵地,是不断创新与改革的据点,理应向应用型人才的培养方向转变,快速做出反应。具体来说,需要从如下三个层面着眼。

从教学内容上说,不过多地追求逻辑是否严密、定义是否准确,不侧重对知识的发现与整理、理论的争鸣与演变,不局限在教室与教材上,而是要与学生的生活与专业贴近,抓住该领域知识的前沿,对成熟理论要点有清楚的认识与应用。

从教学方法与手段上说,要求实行生成性的教学观,让学生运用感官与实践,对自己学习中的问题进行有效的解决,推动学生从自身的经验背景出发来理解与认识知识。注重课堂教学方式要多样化,具有灵活性,采用模拟教学法、案例教学法等方法,创设教学情境,引导学生对专业知识进行灵活的应用,利用理论与技术对问题进行解析,培养学生的实践应用能力。采用探索性教学、启发性教学等方法,引导学生进行探索,培养学生的创新性思维。综合运用现代技术与手段,满足学生个体的需要,促进学生多元能力的发展。

从时空维度上说,教师要不断拓展课堂教学的时空,拓展学生学习与训练的时空,让学生跟随专业的最新动态,获得更多更真实地参与操练的机会,帮助学生实现自主学习、研究学习。

二、"互联网 +"背景下大学英语教学面临的挑战

互联网技术打破了时空的界限,为学生创建了一个开放的学习环境,这就使得传统的教学方式更为个别化、分散化、社会化,教学活动的范围与时间在不断扩展。但是,如何合理利用互联网技术,是当前教师和学生都需要思考的问题,也是对他们的挑战。

(一)对大学英语教师的信息素质提出了更高的要求

互联网技术发展对教师对于教学信息的加工、传播、反馈与收集能力提出了一定的要求。新时期,大学英语教师要胜任互联网技术并合理应用于大学英语教学,就必须掌握一定的信息技术知识,并具备现代信息的加工、处理能力,具体分析如下。

"互联网 +"对整个社会有着很大的影响,对人民的生产、生活、学习等产生了较大的改变。在教育层面,也逐渐改变了大学英语教师的角色,传统教学中的教师是教学内容的唯一提供者,但是在互联网时代下,学生除了从教师那里获取知识外,还可以通过很多渠道获取知识,大学英语教师的角色也发生了突变,即成了引导者、辅导者、指导者。

"互联网 +"背景下的大学英语教学对教师提出了更高的要求。具体

来说,教师不再仅仅扮演知识的传授者与引导者的角色,他们的角色更加多元化。因此,大学英语教学与互联网技术的融合还要求教师不断提升自己的专业化水平,促进自身的专业化发展,从而适应互联网时代对大学英语教师的要求。

随着互联网技术融入大学英语教学,学生的学习与大学英语教师的教学都发生了革命式的变革,新兴的课堂教学环境即互联网技术教学环境得以产生,"互联网+"背景下的教师角色一部分是基于传统教师角色中的"传道、授业、解惑"者,应积极吸取传统教师角色中的优点,认真履行知识的传授者角色行为,同时应看到传统教师角色不适应教育信息化的发展,如管理者、灌输者等角色的局限,应实现自我角色的转变,处理好传统角色中的教师角色延续,并重视"互联网+教育"下教师角色的转换,不断提升自身的信息素质。

（二）对学生的独立学习、全面发展提出了更高的要求

学生是教学的对象,教师的一切决策都要围绕学生开展的,因此教师应充分考虑到学生群体和学生个体的身心特点与学习、发展需要。教师应关心和尊重学生,为引导学生积极参与教学创设良好环境与情景。

在"互联网+"时代下,教学活动中学生的主体性地位发生了变化,主要表现在以下几个方面。

（1）对教育对象的自主选择权。学生对教师教学的影响并非无条件地接受,他们要求教师的教学尽量适应学生的发展需求,学生有根据主体意识积极地或消极地进行选择的权力。

（2）对教学内容的自主选择性。学生主动参与教学内容选择是当代教学思想所提倡的,学生选择教学内容是学生自主性中最活跃的因素。当然必须强调的是,学生是在教学目标的框架内参与一部分教学内容选择,在课程专家根据社会和教育目标所做的初步筛选后进行。

（3）参与教学活动的积极性和主动性。学生学习活动的主动性、自觉性是学生学习主体性的本质体现,教师的教学活动要建立在学生对学习的自觉的、主动的、自我追求的基础上。学生在学习过程中能积极地参与教学活动,并能以自己已有的知识经验、认知结构主动地认识、理解、吸收新知识。

（三）对信息技术下师生的有效互动提出了要求

在"互联网+"出现之前,教师与学生交流与沟通的场所主要是教室、

操场、学校活动中心。

在教室内上课的过程中,教师与学生之间首先要完成本次课的教学任务,然后才能进行课程外学习内容的交流,因此师生在学校各教学场所的交流是十分有限的,主要是教师在讲、学生在听,一节课下来,师生之间的交流与互动往往仅仅有几个点名提问,并没有师生探索、讨论互动。很多教师在完成教学工作后忙于其他事情(如进行科研),也没有时间与学生交流。师生交流缺乏主动。

课堂之外,学校教师在学校除了日常教学还有很多其他工作,学生的校园生活也十分丰富,由于师生的教与学的任务不同,在不同的时间段,他们需要分别在不同的空间场所内开展教与学的工作,这就更加使得师生难以在课外继续保持良好的关系和联系。

课上的交流有限,在课外教师与学生之间的交流更是少之又少。调查发现,很多学生在课外时间难以接触到教师,而且即便是有交流机会,也是"不怎么愉快"的"被动交流"。上述情况充分表明了学校师生存在着交流障碍,这些障碍有主观和客观原因,有教学安排的局限性,也受制于教育技术所限,教师与学生在课外缺乏沟通与交流的平台。

"互联网+"的发展和教学应用,为师生之间更加频繁的交流提供了技术支持,教师与学生可以通过 QQ、微信、校园网、教学 APP 等实现随时随地的线上交流,但是,由于线上网络课程教学中,师生不是面对面的,学生在教学中对教学内容的投入状态、对教师的回应很大程度上靠自觉,因此教师很难像在真实课堂教学中那样监督学生,也不能给每一名学生形成一种紧张、专注、融洽的课堂环境氛围,因此很多学生在线上课程的学习中都处于沉默、"潜水"状态。

在"互联网+"背景下的大学英语教学中,学生的"线上沉默"有一部分原因是课堂时空环境和氛围造成的。此外,也与教学内容难易程度、教学内容呈现方式、教师的线上互动方式方法等有密切的关系。

第二节 "互联网+"背景下大学英语教学创新的意义与目标

由于"互联网+"与大学英语教学都存在自身的特点,因此二者融合的优势也凸显出来。本节就来分析"互联网+"背景下大学英语教学创新的意义与目标。

一、"互联网+"背景下大学英语教学的意义

（一）变更教育理念

"互联网+"背景下的大学英语教学的教育理念是由"以教为中心"教育理念转变为"以学为中心"。在"互联网+"背景下的大学英语教学中，慕课、微课、翻转课堂等教学模式的运用做到了以学生为中心，这就比传统英语课堂要好很多。因为在传统英语课堂中，教师作为教学的中心，教学就是教师站在课堂之上，为学生们讲授课程，即便教师将课程讲得非常精彩，有些学生也很难融入其中。因此，"互联网+"背景下的大学英语教学改变了这一点，学生占据学习的主导地位，课堂变成了以学生为中心的课堂，这样的学习会让学生觉得自由、快乐，愿意学，乐意学。

（二）革新教学流程

延续了400多年的传统课堂教学，虽然历经无数次的改革与调整，但主要是围绕着教师如何讲授得更好为中心展开的。直到现在，基本的教学流程没有变，就是课堂上教师力求深入浅出地将新知识传授给学生，课后学生通过完成作业加以巩固。其主要的优势是运送知识的效率非常高，主要的缺陷是同步性和灌输性。同步性忽视了学生在接受能力的差异性；灌输性忽视了对知识的探究，这些都不利于创新性人才的培养和个性化发展。

在"互联网+"背景下，大学英语教学的流程与传统大学英语教学明显是不同的。"互联网+"背景下的大学英语教学将知识的传授转移到课堂之前，将知识内化的过程置于课堂之上。在课堂开始之前，学生通过观看视频来学习新的知识，这样他们就可以将传统教学中教师讲授的时间空出来，让学生有充足的时间完成作业，并实现师生之间、生生之间的互动。这样做主要有如下两个优点。

首先，学生通过观看视频，能够使自己的学习更加主动，能够逐渐对自己的学习负责，这种方式可以解决传统课堂优等生"吃不饱"、中等生"吃不好"、差等生"吃不了"等问题，从而真正地实现因材施教。

其次，保证了学习目标具有可操作性，这有助于学生对知识进行创造。根据布鲁姆将学习目标划分为理解、记忆、分析、应用等部分，可以对"互联网+"背景下的大学英语教学与传统大学英语教学进行对比，具体来说就是"互联网+"背景下的大学英语教学将难度最小但是需要更多选择权的环节放在课前来学习,如理解环节与记忆环节,学生可以根据自己的能力和节奏对学习进行掌控,但是将那些难度较大、需要教师和其他同学帮助的放在课堂上完成,如分析环节、应用环节等,这样才能真正做到各得其所。

(三)转变师生角色

在"互联网 +"背景下的大学英语教学中,最大的障碍是教师角色的转变。很多研究者认为,"互联网 +"背景下的大学英语教学通过"传递信息"和"吸收内化"过程的转变,教师由知识的传授者转变为学生学习的指导者、服务者,学生由被动的接受者转变为主动的研究者。

(四)转换育人的本质与目标

无论是教学流程的再造,还是教育观念的转变,无论是师生角色的转换,还是学习活动与学习环境的匹配,改变的都是课堂教学形式和教学手段的变化,但"互联网 +"背景下的大学英语教学的核心是适应信息化背景下学校教育变革的需要,改变旧的育人目标并相应地改变教学的环境和形式。

二、"互联网 +"下大学英语教学的目标

(一)激发学生的问题意识

人从出生就具有了求知欲和好奇心,这是人能够自由、理性的基础,表现在学习态度与兴趣上,就是人能够积极地去探索与解决问题,不断创新、不断超越。学生学会学习的一条最佳路径就是逐渐学会启发式的学习,即教师引导学生发现问题,并让学生找到合适的方式解决问题,师生之间围绕问题展开自主学习与探究学习,使学习活动向思维活动转变,这样才能让学生具备多元思维。

在"互联网 +"背景下的大学英语教学中,要强调问题引领的作用,即教师不仅要以问题作为起点,以问题解决作为主要的活动过程,从而将学生对问题的敏感性激发出来。同时,还要求教师主要探讨那些与现实联系紧密的问题,对这一领域的学术前沿问题进行跟踪和了解,将学生潜在的能力挖掘出来,培养学生的研究精神与素质,形成面对困难的积极潜质与解决问题的能力,并塑造自己的人格与工作特质。此外,还要求教师

为学生创设自由的学习氛围,师生之间围绕提出的问题,通过交流与对话形式解决问题,并进行分析与评价,帮助学生形成问题意识与问题解决能力,推动他们判断真假、独立思考的能力等。

（二）转变学生学习的方式

学习方式是学生在展开学习任务时自主、探究的基本认知取向与行为特征,其主要包含发现学习、接受学习、合作学习等。在新时代背景下,高校选择的教学方法一般是多种多样的,具有针对性与灵活性,这样也就推动了学生学习方式的转变,要求教学应该从学生的学习能力出发,符合学生的学习要求,这样才能培养出符合社会发展需要的应用型人才。具体来说,主要可以从如下四点考虑。

第一,倡导自主探究式学习,让学生自定节奏,具体来说就是学生在学习中要发挥自身的主观能动性,引导学生大胆接受挑战,挑战传统的识记性学习方式,让学生真正地学会学习,成为学习活动的主人,推动他们灵活地转换学习方式,在创造与研究中学习。

第二,推动学生走向团队合作式学习,即单打独斗的学习显然效果差,学生只有学会与其他同学合作、与教师合作,才能真正地弄懂知识、掌握技能。

第三,实施应用情境式教学,即关注学生在特定情境中的认知体验,通过新兴技术,为学生创设真实的场景,让学生主动参与其中,增强他们的认知能力。

第四,关注学生的在线学习与移动学习。由于网络技术的发展,学生的学习资源越来越丰富,这就给学生提供了学习的便利,学生可以打破时空的限制,获得教师或者其他同学甚至一些专家学者的帮助,从而在课外不断提升自身的语言能力。

（三）促进学生的深度学习

所谓深度学习,即学生在理解的基础上,能够批判性地学习新知识,并将这些知识融入他们原有的知识结构中,建构这些新旧知识的联系,并且能够将已有的知识迁移到新的情境中,从而独立地对问题进行解决。采用深度学习策略的学生要更善于整合知识、迁移知识,这样才能取得好的成绩。

当前,高校应该努力为学生创设深度学习情境下的课堂环境,让课堂不仅成为学生知识深度加工的重要场所,还要把原来教师单向传授的教学过程转变为师生互动的过程,创设真实的、批判性的课堂环境,还需要围绕问题的解决探究深度学习的情境机制,让学生逐渐实现知识的吸收与内化,从而有效培养他们的理性思维与创新思维。

（四）强调学生学习的责任

当前,要想培养出具备应用型能力的人才,要求学生在具体的实践中发挥自身的主体作用。也就是说,学生能够主动为自己的学习行为承担责任,让学生逐渐成为自己学习的主人,成为教学活动中主动的、自觉的参与者,也成为知识主动的发现者与探索者,也推动着教学从"教"逐渐转向"学",让课堂上不再仅仅强调以教师的教授为主,还强调以学生的学习为主,实现师生之间的协同教与学。

这就是说在"互联网+"背景下的大学英语教学中,不仅要将学生的积极性与主动性激发出来,还需要引导学生将精力、时间等投入学习之中,帮助学生减少学习的盲目性与随意性,逐渐建构自主式、探究式的学习。同时,还要给予学生应有的权利,赋予他们自主学习的权利,自主选择学习内容与策略,让他们不断发挥自己的主观能动性,发挥自己的学习优势。

（五）培养学生的核心素养

人应该必备的能力与品质就在于核心素养。核心素养的提出主要包含如下几个层面。

第一,未来个人发展与社会生活需要的能力与品格是无法预料到的,个人在受教育阶段唯一能够选择的就是对自己的必备品格与关键能力进行发展。

第二,知识是以几何级数增长的,能力以几何级数进行分化,学校教育无法对知识和能力进行穷尽。

第三,社会生活纷繁复杂,价值取向也是多元化的,学校教育无法面对社会上所有的问题。

第四,学校教育应该专注于对学生必备品格与关键能力的培养。

"核心素养"一词源自西方,英文是 Key Competencies。Key 在英语中的意思是"关键的、必不可少的"等含义。Competencies 的意思是"能力",但是从其范畴与内容来说,可以翻译为"素养",因此"核心素养"也就是所谓的"关键素养"。

进入 21 世纪,欧盟国家为了应对经济全球化,在教育领域提出了"核心素养"这一概念,目的是为了培养学生的创新能力,这一概念的提出是为了对传统的阅读、计算等为核心的概念进行改变,从而提升学生的综合应用能力。

2014年3月,教育部发布了《关于全面深化课程改革,落实立德树人根本任务的意见》,要求英语教学将社会主义核心价值观的内容引入教材与课堂,努力使学生了解中华文化,明确提出了"核心素养"的概念。在语言教学中,核心素养主要包含如下几点内容。

1. 语言能力

语言能力是指基于社会情境,通过语言来进行理解与表达的能力。从英语技能教学来说,语言能力是学生应该具备的基本能力,也是学生核心素养的体现。从语言学科来说,听、说、读、写、译这五项能力是最基本的语言能力,对这些能力的掌握才能更好地学好语言。同时,新时代条件下学生需要面临各种数据、图表等,因此他们还需要掌握好"看"的技能,这样才能对第一手资料有清楚的把握。

2. 文化品格

文化品格不仅指的是了解一种情感态度、文化现象,还指的是了解语篇反映的社会文化现象,通过进行归纳来构建自己的文化立场与文化态度。

语言教学的核心素养更加注重从多元文化层面来思考,通过比较,了解中西方文化的差异,这样学生才能更加自信与自强,从而对西方文化予以理解,并将中华文化更好地传播出去。

3. 思维品质

思维品质与一般的语言能力、思维能力并不同,指的是与英语技能学习相关的一些思维品质。在核心素养中,这一品质与学生更为贴近,学生思维品质的提升与优化也是"立德树人"的彰显与表现,与大学英语教学改革的目标相符合。

4. 学习能力

所谓学习能力,不仅指对学习方法与策略的掌握,还包含对语言学习的认知与态度。学生应该主动拓宽语言技能学习的渠道,积极运用所学策略,提升自身的语言学习效率。另外,学生也不应该拘泥于课本、课堂为核心的教学情境,而应该从课堂走向课外,扩充自己的知识面。可见,对于中国学生而言,这一能力十分必要。

总之,学生的生存与发展需要多种素养,但是在 21 世纪的挑战下,这些素养并不是并重的,也就是需要对这些素养的重要性进行排列。其中创新能力、合作能力、信息素养等是优先的素养,这些应该排在最前列,因为这些素养是学生应对挑战、将祖国发扬光大的关键。这就是所谓的核心素养。其他的一些素养如身体素质对于个人来说是非常重要的,但是由于太基础,所以可以将其视作基础素养。另外,传统的读、写、算也可以算作基础素养。

在全球化背景下,各国关于学生核心素养的范畴存在着某些共性。就全球范围来说,国际组织、一些国家(如美国、澳大利亚)等在核心素养指标的选取上,都反映了该组织、该国家、该地区的经济发展情况,并强调信息素养、创新能力、社会贡献、国际视野等素养是非常关键的层面。但是,受国情的影响,由于各国所面临的关键问题存在差异,因此核心素养的内容与程度也会存在着某些的不同。

(六)增强学生的学习体验

个体的发展具有特殊性,因此教学需要在尊重学生个体差异性的基础上,对学生的学习体验予以关注,努力为学生创造更多锻炼的机会,激发他们学习的内部驱动力,发挥他们对知识的探索精神。当前,很多高校的评价强调甄别与选拔,对评价的激励与促进功能予以忽视,往往对结果过分看重,对学习过程予以忽视,这样的评价就导致了个别优秀的学生得到了愉快的体验,但是那些成绩差的学生失去了学习的兴趣,很难培养出健康的情感体验。

在具体的教学过程中,大学教师应该努力让学生们用感官去实践、去体验、去解决问题,与社会实践相联系,研究教学方法是否符合学生的需要,采用多种技巧和方法展开教学,增强学生的学习体验,让课堂脱离传统课堂的弊端,即被教材与大纲等约束,而是让学生广泛地参与到课堂之中,实现师生之间、生生之间的互动,这样才能让他们学会思考、学会辨析、学会研究,进而发现课堂的魅力。另外,教师还需要注重选择科学的评价方式,让学生能够更好地体会到成长的快乐,享受学习的快乐,帮助学生正确地认识自己,激发他们学习的动力和积极性。

第三节 "互联网+"背景下大学英语教学的基本原则

从"互联网+"应用于大学英语教学的机遇与挑战中可以看出,"互联网+"背景下的大学英语教学要比传统教学更具有优势。但是,互联网手段在大学英语教学的应用中还需要遵循一定的原则。如果不遵循这些原则,互联网时代下的大学英语教学也无法发挥出事半功倍的效果。

一、以学生为中心原则

"互联网+"背景下的大学英语教学需要坚持以学生为中心的原则。在学习过程中,学生考虑自身的特点与实际水平,主动参与到学习之中,选择与自己能力相匹配的内容。在人际交互过程中,学生能够主动地思考,并动手进行操作,从而激发学生学习的主动性与积极性。

总之,这种以学生为中心的互联网技术不仅为学生提供了自由的学习空间,还为学生提供了大量的学习内容,保证他们在学习中不断提高,获得更佳的学习效果。

二、多元互动教学原则

教学是人与主体之间交流情感与思想的过程。教学效果的好坏并不取决于教与学,而是取决于教与学主体间的互动结果。所谓多元互动教学,即在互联网环境下,大学英语教学中教师与学生之间、学生与学生之间、教师及学生与机器之间的相互作用,是一个以促进学生主体认知重组为基础的多层次的交互活动,目的是实现意义的建构。

多元互动教学使现代的大学英语教学中的教师、学生、教材等要素形成了立体的网络,学生置于真实的情境之中,运用自身所学的知识与技能,通过对一系列的语言实践活动进行观察,并不断进行探索与试验,逐渐掌握语言知识与技能的意义。就这一层面来说,互动在语言教学中被认为是运用语言最本质的特征,是学生获取外语知识的一条必经之路。

在语言教学活动中,语言是知识体系与技能体系的融合,实践性较强。语言教学内容的传授也是教师和学生共同参与的过程,彼此之间通过合作完成任务,从而使学生获取知识。通过多元的互动,学生能够不断发现语言使用的规则以及他们对语言使用的反馈情况,同时将新的语言形式与规则运用到自身的实践之中,通过多种实践,学生可以对语言运用的规则加以感悟,与语言表现形式进行对比,体验语言的社会功能,完善自身的语言体系。

"互联网＋"与大学英语教学的整合导致原有的教学要素进行重新配置,从而产生一个具备外语教学过程的虚拟的、网络的教学环境,为多元互动教学开辟一个新的空间。

三、主导式自主学习原则

"互联网＋"逐渐进入到外语教育领域,这就导致以教师为中心的传统教学转向以学生为中心、以教师为主导的教学,以单纯传授知识与技能的教学转向既传授知识与技能、又注重语言运用能力与学生的自主学习能力的培养的教学。

也就是说,当前的大学英语教学应该以互联网为依托,集合文字、图像等为一体,通过运用各种传播手段,以个性、开放的形式对大学英语教学的信息加以存储与加工,并进行传播,将互联网技术与大学英语教学紧密结合,将课堂教学与互联网学习紧密结合,以学生为中心,学生展开以教师为主导的自主学习,即为主导式自主学习。简单来说,主导式自主学习即一种有目标指向的积累性的学习方式,学生基于教师的指导,在宏观目标的调控下,从自身的需要与条件出发,制订并完成具体目标的一种学习方式,其主要表现为教师在学习中充当参与者的身份,学生将自身的独立性与主观能动性发挥出来,实现教师与学生的良性循环与有机结合。

在主导式自主学习中,主导指的是教师创造一切与学生学习相关的环境,引导学生建构对周围世界的认知。自主指的是不同于对教师的依赖,而是采用一种独立的方式进行学习,但是这种学习不是自由地学习,而是自主学习,其需要学生形成积极的学习态度,对自己的学习内容、学习目的有明确的认识,并采用恰当有效的方式展开学习。同时,这种自主还强调基于目标的指导,学生要进行自我调控,主动参与到学习之中,并努力实现目标。

虽然自主与主导有着不同的视角,但是二者对于世界的认识、对于知识的整合以及对意义的建构等的实效性与主动性都非常注重,都是将提升学生的素养作为着眼点。就这一意义来说,二者是密不可分的关系,自主以主导作为航标与指向,主导以自主作为助推器与支撑单位。

第四章 "互联网+"背景下大学英语教学的创新模式

以互联网为核心的信息技术已经成为 21 世纪人们基本的生活环境,从信息化的高度来说,人们正在运用互联网技术进行教育体制、教育模式的改革,而这种改革在大学英语教学中也有明显的体现。互联网技术的运用扩大了大学英语教学的时空界限,提高了大学生学习的兴趣和积极性,传统的大学英语教学模式已经不能适应互联网时代的要求,急需进行变革,而这时新的教学模式登上舞台,本节就对这些新的教学模式展开分析和探讨。

第一节 慕课教学模式

慕课教学是基于关联主义理论建构起来的一种在线的教与学方式。慕课教学的诞生并不是偶然的,是随着网络技术的发展而不断发展的。

一、什么是慕课教学模式

慕课全称是"大规模在线开放课程(Massive Open Online Courses)",英文简称为 MOOC,这一模式源于美国,在短短数十年,被全世界广泛运用。慕课这一模式是具有分享与协作精神的个人组织而成,将优异课程予以上传,让世界各地的人们可以下载与学习。慕课教学与传统模式的比较如图 4-1 所示。

简单从形式上说,慕课教学就是将教学制成数字化的资源,并通过互联网来教与学的一种开放环境。本质上看,慕课教学是一种与传统课堂相对的课堂形式,因为其基于互联网环境而发送数字化资源,实施的是线上教学。学生完成了网上课程学习之后,通过在线测试,可以获得证书或证明。

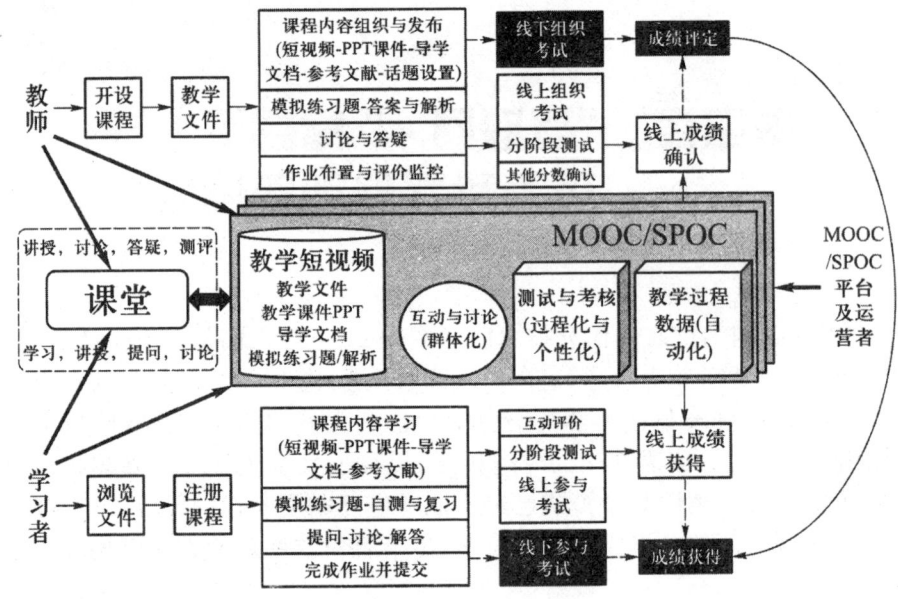

图 4-1 慕课教学与传统课堂的比较

（资料来源：战德臣等，2018）

一般情况下，慕课教学的要素包含如下四点：具有完整的教学视频，并且一般时间设置为 6 ～ 10 分钟；具有完善的在线考试体系，往往可以实现过程考核与个性考核；具有一定量的开放性话题，可以集中学生的学习兴趣与积极性；具有 PPT、电子参考教材、模拟试题与解析等其他辅助资源。

在这些要素的基础上，慕课教学需要教师与学生之间的互动，如教师对信息的发布、回答学生问题等。慕课教学本身为学生提供了学习的数据，教师和学生都可以通过数据，对学习状态进行分析，从而改善自身的学习情况。

二、大学英语慕课教学模式的优势

英语慕课教学在英语教学中的运用必然会导致教学方式与理念的变革。这就是说，慕课教学对当前的英语教学具有重大的作用，具体表现如下。

（一）突出了学生的主体地位，提高了学生的课堂参与度

慕课要求学生在上课之前就完成相应的预习，在上课过程中由教师来答疑解惑，课后要求学生完成相应的巩固练习，无论是课前还是课后的作业都进行量化，计入总分。慕课教学模式改变了传统课堂教学中的师生角色，教师不再霸占整个课堂，而是成为学生学习的引导者和帮助者，学生也不再是被动的接受者，而成为教学的主体，在各种作业的推动下，学生积极探索，变为主动的学习者，学习的参与度也显著提高。

（二）营造了良好的学习环境

良好的英语学习环境能显著提升学生的英语学习效率，但是目前的大学英语教学中仍缺乏有利于学生学习的英语环境，这对学生学习效率的提高起到了阻碍作用。英语慕课教学模式可有效弥补大学英语教学的不足之处。慕课的应用依赖于互联网技术，具有很强交互性，在慕课学习中，学生和教师能够随时随地沟通，双方的交流不受时间和空间的限制，而学生与学生之间也可以彼此交流和分享学习经验，进行合作学习。此外，通过慕课学习，学生可以与世界各地的学生聚集在一起学习英语，相互之间交流和讨论，不仅能营造良好的英语学习氛围，还能接触地道的英语，提高跨文化交际和综合英语素质。

（三）充分利用碎片化时间

慕课教学的视频一般时间不会太长，多为10—15分钟，短时间的学习能够使学生集中注意力，高效率地进行学习。慕课教学模式不存在时空的限制，学生可以对自己的学习进度加以自主安排，充分利用碎片化时间，对于不理解的知识内容可以反复观看视频学习，最大限度地利用教学视频。

三、大学英语慕课教学模式的策略

一般来说，在英语文化教学中，慕课教学往往会通过如下几个步骤来展开。

（一）重构课程模式

基于慕课的大学英语教学属于在线教学模式，有着传统英语教学没

有的优势,但本身也存在一些无法避免的缺陷,如师生之间无法面对面交流,这使得教师无法彻底做到因材施教,只能根据大部分学生的学习情况来讲解内容。这就使得慕课教学要与传统教学有机结合,采取优势互补的方式重构英语课程教学模式,实现二者的资源整合,提高大学英语教学效果。

两种教学模式有效结合的方式是教师以传统的课堂教学为主、慕课英语教学为辅的形式开展教学,以课本的知识为主要内容,同时辅以慕课教学模式,充分利用慕课所拥有的海量教学资源进一步丰富教学内容,对课本知识进行延展,使学生根据自身的实际情况进行自主学习,扩展知识面。在教学中,要将学生置于课堂教学的主体位置,进行师生之间的互动,针对学生的具体问题进行解答,帮助学生理解和学习。在课下,教师可以通过慕课平台对学生进行知识的拓展和补充,满足学生不同层次的需求。此外,教师可以通过慕课模式布置课后作业,并通过网络实时监控学生的完成情况。

(二)科学制作教学视频

慕课是通过视频来传达内容的,所以教学视频是慕课教学的基础与核心,教学视频的质量直接关系着慕课教学的最终效果。对此,教师在运用慕课进行大学英语教学时,应针对学科的特点,精心地制作视频,不仅要控制好视频的长度,同时要科学、精致地安排视频内容。对于视频的长度,通常维持在 10 分钟左右,视频时间太短将无法充分展现教学内容,视频时间过长则会使学生产生倦怠心理。教学视频贯穿于慕课教学的始终,课前通过慕课视频使学生提出疑问,提高课堂教学的针对性;课中可用慕课视频加强学生的理解和记忆;课后让学生通过慕课视频加以复习和巩固。慕课视频的内容要具有针对性,突出教学的重点和难点,使学生进行有针对性的学习。

第二节　微课教学模式

随着网络技术的推广,人们的学习方式在逐渐发生变化,这时微课悄然进入人们的视野,并对各个领域产生了重要影响,其中英语教学领域就是最突出的表现。可以说,微课为英语教学开辟了一个新视角,提供了一个新平台,逐步推进英语教学向前发展。

一、什么是微课教学模式

对于"微课"的概念,目前还未统一,不同的学者观点不同,下面介绍一些有代表性的关于微课的观点。最早提出"微课"这一概念的学者胡铁生,他通过借鉴慕课的定义,认为微课即微课程的简称,即以微型视频作为载体,对某一学科的重难点等教学知识点与教学环节来设计一个情境化且支持多种学习方式的网络课程。

之后,胡铁生又对这一观点进行了改进,认为微课是根据新课程标准及课堂教学的实际情况,以教学视频作为载体,对教师在课堂中针对某一知识点或教学环节而展开的精彩教学活动的有机结合体。

郑小军、张霞则认为,微课不等同于课堂上的实录,而是从某个重难点出发创作的视频,即微课聚焦了重难点问题,并且将那些有干扰的信息排除掉。

上述学者的观点是非常具有针对性的,并且一定程度上将微课的特征反映出来。本书作者对于胡铁生的定义更为推崇,认为从本质上说,微课是一种支持教与学的微型课程。

二、大学英语微课教学模式的优势

在大学英语教学中运用微课开展教学,可以为学生创造直观而且优良的教学环境,能让学生将全部精力放在英语学习上,对于英语教学而言意义重大。具体而言,微课在大学英语教学中所发挥的作用体现在以下几个方面。

(一)推动了大学英语教学模式的改革

教育改革的推进深受新型教育模式的影响,大学英语教学改革也在这种模式的推动下不断深化。传统的大学英语教学模式形式陈旧单一,无法满足学生的需求,也无法适应当代社会的需求。通常是一节课中课程讲授量大,往往会超出学生的接受限度,学生多感觉课堂教学无聊乏味,如果使用微信或者QQ发布英语知识点讲解,则会更加受欢迎,因此微课是当代创新性的教学方式,属于知识的传递者,能够满足学生的具体需求。将微课教学运用于大学英语教学,可以加速教学改革,更新教师的教学结构和教学理念,使教师顺应时代的发展和学生的需求,也能让英语教学跟上时代发展。此外,微课推动着大学英语课程内容和体系的改革,微课通过信息技术,整合教学资源,扩大教学途径,转换学习视角,丰富教学资源,改革课程体系。

(二)顺应时代发展

互联网技术的发展,使得人们更加方便地获取和接收信息。随着互联网进入微时代,微视频、微信、微博等逐渐兴起,并成为人们日常生活中的重要部分。就教学而言,学生对手机的关注多于对课本的关注,教师传统的对段落和知识点的讲解方式只会让学生觉得枯燥乏味,对此有些学生甚至不带课本,而是随身携带手机等工具上课。在信息化时代,学生更能接受数字信息化的学习模式,偏向于既简单通俗又富有趣味性的知识信息,而微课作为信息技术发展和教学改革的产物,能有效满足学生的这种学习心理,对于激发学生的学习兴趣发挥着重要作用。

(三)满足不同层次的学习需求

教师在使用微课教学时,会将微视频上传到微信或者 QQ 等平台上供学生学习,此时那些在课堂上没有记笔记或者存在理解障碍的学生可以根据需要反复观看视频内容,温习所学内容,进而加深和巩固所学内容。

(四)创新型的师生关系

在大学英语教学中,教师普遍使用多媒体进行教学,就是以书本内容为核心,以 PPT 的形式讲解课文知识。受课堂时间的限制,教师在讲解过程中语速较快,模式单一,大多数学生未能完全掌握课堂知识,而且对课堂教学缺乏兴趣,因此教学效果往往不佳。在微课教学中,教师的角色发生了变化,不仅是传授者,也是解惑者和引导者,教师除了向学生提供学习资源,还会指导学生有效学习,满足学生不同层次的个性需求,这有利于改善师生的紧张关系,拉近师生之间的距离。

(五)培养学生的自主探究学习能力

培养学生的自主探究能力是大学英语教学的重要任务之一,因此在大学英语教学中,教师应注重培养学生的这一能力。有效利用网络和微课教学的优势,可显著提高学生的自主探究意识和能力。具体而言,教师在向学生讲解英语课文时,可结合教学中重点内容和课文中出现的不同角色,先播放相关的视频让学生观看,然后对他们进行分组,让学生以小组为单位讨论课文内容,并进行创意表演。通过这一过程,学生的积极性不仅被调动起来,而且能积极自主地探究学习内容,加深和巩固对课文内容的理解。

三、大学英语微课教学模式的策略

从当前的教学实践分析,微课教学有着广阔的前景。虽然大学英语微课教学的设计是当前关注的问题,但是也不能忽视大学英语微课教学的实施。

（一）构建微课学习平台

大学英语微课教学主要是基于视频建构起来的,同时需要互动答疑、微练习等辅助的模块,这些在之前的英语微课教学的构成中有详细提及。但是,这些模块的构建对于学生文化学习兴趣的提升、教师信息化应用能力的提高等都是十分有帮助的。在这之中,微慕课平台是一个较为创新的平台,即运用微课教学展现慕课教学的专业化与系统性。这一平台结构更为灵活、知识含量更高,是一个较好的平台。

（二）开发与共享微课资源

当前的大学英语教学中教学资源设置不平衡现象凸显,而微课教学的出现,使得教学资源可以通过互联网传送到各个地方,便于各个地方及时更新与推进,实现真正的资源共享。

（三）提升微课的录制技术

大学英语微课教学要求录制技术较高,并且尽可能保证简单化,使教师便于执行,同时不断提升自身的录制技术。

另外,微课视频研发人员也应该不断对技术进行提升,追求卓越的技术,使得大学英语微课教学的实施得到更大范围的推广。

第三节　翻转课堂教学模式

　　翻转课堂是运用互联网思维创新教学的产物,核心在于将互联网开放、自由、平等的特征与英语教学的本质与规律紧密结合,形成对教学活动、师生关系等要素的重新思考与定位。在基于班级授课的框架下,翻转课堂引入网络学习新思维,对课堂的时空加以拓宽,实现传统课堂与网络课堂的有机结合。也就是说,翻转课堂作为一种全新的英语教学模式融入传统课堂中,颠覆了传统课堂的基本结构,为英语教学注入了新的活力。

一、什么是翻转课堂教学模式

　　通常来说,大家对翻转课堂最朴素的解释就是将传统的课堂学习和课后作业的顺序进行颠倒,即将知识的吸收从课堂上迁移到课外,知识的内化则从课后转移到课堂,学生课前在网络课程资源和线上互动支持下开展个性化自学,课堂上则在教师引导下通过合作探究、练习巩固、反思总结、自主纠错等方式来实现知识内化。

　　目前看到的最初的翻转课堂实施结构模型(图4-2)来自美国富兰克林学院数学与计算科学专业的罗伯特·塔尔伯特(Robert Talbert)教授,他在"线性代数"等很多课程中应用了翻转课堂教学并取得了良好的教学效果。

　　这一模型为后续学者、专家进行教学模式探索提供了基本思路。

　　随着教学过程的颠倒,教与学的流程、责任主体、师生角色、课内外任务安排、学习地点和备课方式等方面都发生了明显变化。与传统意义上的课堂教学结构相比,翻转课堂颠覆了人们对课堂模式的思维惯性,改变了学生学习流程,从新的角度揭示了课堂的新形式、新含义。有人认为,"翻转课堂"打破了持续几千年的教学结构,颠覆了人们头脑中对课堂的传统性理解,倡导先学后教、以学定教,赋予了学生更多的学习自主性和选择性,强化了师生之间的沟通与交流,实质是学生学习力解放的一次革命。这不仅契合了国家教育信息化发展规划指导思想的核心——创新学习方式和教学模式,它也因此被称为对传统教学模式的"破坏式创新",成为信息技术与学习理论深度融合的典范。

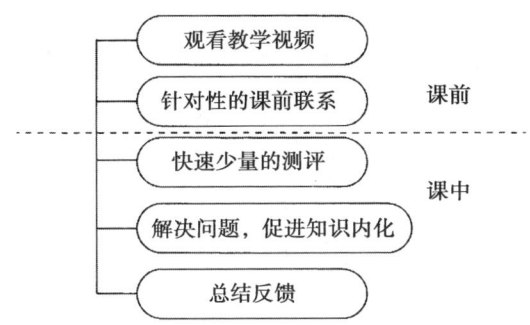

图 4-2 罗伯特·塔尔伯特的翻转课堂教学结构图

（资料来源：孙慧敏、李晓文，2018）

二、大学英语翻转课堂教学模式的优势

翻转课堂教学为大学英语教学提供了新的平台与良好的契机，从本质上体现了英语教学改革的深化，帮助英语教学突破困境，为学生的英语学习提供便利。下面就具体分析大学英语翻转课堂教学的意义。

（一）增加了教学形式的多样性和趣味性

用于翻转课堂的教学视频的制作对教师的专业能力有着很高的要求，要求教师所制作的视频内容简洁、形式多样、幽默丰富等。基于这些要求和特点，翻转课堂有效增添了大学英语教学的趣味性，不仅能创造良好的学习环境，而且能有效激发学生的学习兴趣。此外，很多翻转课堂教学视频涉及的内容十分广泛，包括英语音乐、英文电影、英语小说等，这些内容与课程教学息息相关，使得教学形式生动形象，更加多样化。

（二）使得大学英语教学更加直观和简单

在传统的大学英语教学中，教师的教学内容主要是以课本为主，呈现方式也是以板书为主，这种教学方式对于学生来说不仅不够直观，而且不利于理解相关知识。如果仅限于传统的课堂教学模式，根本无法有效培养学生的英语运用能力。翻转课堂通过借助多媒体技术，将相关的图片、音乐、视频等融入教学视频，使得原本晦涩难懂的英语知识变得直观和简单，也使得原本沉闷的课堂教学变得生动活泼。

（三）加深了学生之间的互动

翻转课堂改变了传统教学模式中师生之间的相处方式,在翻转课堂中,教师与学生之间形成了一对一的交流。如果学生对某一知识点存在质疑,那么教师可以将这些学生集中起来,对他们进行特别指导。另外,在翻转课堂中,教师不再是学生知识的唯一来源,学生与学生之间还可以进行互动学习。

（四）能够使学生反复学习

在传统的大学英语教学中,教师不可能兼顾所有学生的需求和感受,只能按照教学大纲要求和按步骤统一进行授课,这就会使部分学生跟不上教师的节奏,无法有效掌握课堂教学内容。翻转课堂教学可以有效解决这一问题,在翻转课堂中,学生可以随时暂停、重放视频,直到自己看懂、理解为止。

（五）能够提升学生的主动意识

在翻转课堂教学中,师生之间的互动频繁,学生的主观能动性被充分调动出来,学生掌握着学习的主动权。基于翻转课堂教学模式,学生可以根据教师提供的资源首先进行自主学习,还可以在课堂上与教师展开学习方面的探讨,进一步深化与掌握知识内容,这有效体现了学生的主体地位,而且淡化了对教师的依赖性。

三、大学英语翻转课堂教学模式的策略

翻转课堂作为一种颠覆传统课堂的教学模式,其教学设计过程当然不同于传统教学设计过程。虽然国内外出现了各种各样的翻转课堂教学,但它们都建立在课程资源、教学活动、教学评价和支撑环境这些要素的基础之上,因而翻转课堂教学的设计也是以此为依据的。

（一）设计英语教学过程

美国创新学习研究所(Innovative Learning Institute, ILI)提出了翻转课堂设计流程。ILI 认为,翻转课堂的设计过程主要包括确定学生课外学习目标、选择翻转内容、选择传递方式、准备教学资源、确定课内学习目

标、选择评价方式、设计教学活动、辅导学生八个主要环节。

其一,确定学生课外学习目标。大学英语翻转课堂教学过程的设计首先要确定学生的学习目标。翻转课堂使得课内教学和课外教学进行了颠倒,学生总共需要完成两次知识内化过程,第一次知识内化是在课外自主学习新知识,第二次知识内化是在课内完成的。显然,课内和课外对学生的要求是不同的,学生需要在课内外实现不同的学习目标。

其二,选择翻转内容。当确定了翻转课堂的课外学习目标后,就要结合学生本身的认知规律和特点去选择课外自主学习的合适内容。课外学习目标主要是低阶思维的目标。

其三,选择内容传递方式。选择内容传递方式是指确定学生的自主学习内容通过什么媒体工具表现出来。教师要结合持有的接收设备情况、学习者的地理位置、学习内容的形式和资源大小等因素,选择学生开展个性化学习、传递内容形式丰富、传递速度快、获取方便的内容传递方式。

其四,准备教学资源。在确定了学习内容及其传递方式后,就可以搜集相关的网络学习资源供学生学习,或者开始制作新的相应的学习资源。在该环节中需注意,无论是利用已有的学习资源还是自己开发新的学习资源,均需与先前确定的学习内容保持一致,并且资源的形式、大小等要求也需和传递工具相匹配。

其五,确定学生课内学习目标。第一环节确定的是课外学习目标,是针对低阶思维技能的学习目标;本环节确定的是课内学习目标,是针对分析、评估和创造等高阶思维技能的目标。因为在课外学生能参与的更多是培养其识记、理解和应用等的学习内容,而在课内学生是通过与同伴和教师面对面地交流、讨论和开展协作探究等活动。所以,这一环节的学习目标与第一环节的学习目标有所不同。

其六,选择评价方式。在教学正式进行前,教学中的主体者和主导者,即学生和教师都要对课堂教学活动提前做好充分的准备。对于教师而言,选择一种合适的评价方式非常重要。低风险的评价方式应该是教师的理想选择,它是指不对学生的评价结果进行分数、等级的评比,而仅作为发现学生学习问题的一种教学评测方式。通过低风险的评价方式,教师可以发现学生学习真正的难点,以便教师和学生调整教学计划和学习计划。低风险的评价方式有很多,其中一种就是常用的课前小测验,这些小测验的题目量并不多,一般只有3—4个问题,针对的内容是学生在课外自主学习的内容,其不仅仅是检测学生在课前学习的事实性知识,更重要的是为学生提供一个综合应用所学知识的机会。通过课前小测验,教师能及时地把测验中出现的问题反馈给学生,学生也可以向教师提出自身遇到的问题,并通过与教师交流促进问题的解决。

其七,设计教学活动。如前所述,课外的学习内容和活动主要帮助学生解决识记、理解类的知识,在课内则是帮助学生解决学习难点,并充分应用所学知识,学习更深层次的内容。当通过课前评价了解到学生真正的学习难点后,教师需针对性地设计具有导向性的课堂教学活动,以便更好地培养其分析、评估和创造等高阶能力,可采用如基于项目的学习、基于问题的学习、协作探究学习等形式。

其八,辅导学生。教师作为教学的主导者,在各种形式的教学活动中都要充分发挥自身的主导作用,只有这样才能取得良好的教学效果。具体而言,在学生进行教学活动时,教师需提供相应的脚手架,为学生更好地开展活动提供必要的支持。另外,在必要的时候,教师还应该为某些理解学习内容和活动有困难的学生提供个性化的辅导。在整个学习活动中,教师需给予提出疑问的学生及时的反馈,在学生汇报学习成果或学习结束后,教师要进行统一的总结反馈,以促进学生进行知识的内化和升华。

(二)开发英语教学资源

其一,支持翻转课堂的信息化教学资源。广义的教学资源是指用于教与学过程的设备和材料,以及人员、预算和设施,包括能帮助个人有效学习和操作的任何东西。随着信息技术的发展,信息化教学资源的概念就出现了,它是指在以网络和计算机为主要特征的信息技术环境下,为教学目标而专门设计的或者能为教学目标服务的各种资源,包括教学环境资源、教学人力资源和教学信息资源。

随着信息化资源的发展与教学应用,翻转课堂教学理念才得以被提出。从上述翻转课堂的完整过程可知,支持翻转课堂需要用到的信息化教学资源主要包括教学视频、进阶练习、学习任务单、知识地图和学习管理系统五大类。

翻转课堂教学的实施,不仅需要上述教学资源作为主要资源,还需要借助一定的教学辅助工具软件,该类教学资源几乎贯穿于翻转课堂的全过程,其作用主要是帮助教师进行教学视频的制作、师生间开展交流协作、学生学习成果的展示等。按照作用于翻转课堂教学开展过程中的不同方面,可以将教学辅助工具分为视频制作工具、交流讨论工具、成果展示工具和协作探究工具四类。

其二,遵循资源选择原则。翻转课堂的资源包括教学视频、进阶练习、学习任务单、知识地图、学习管理系统和各类教学辅助工具等。每一类资源都不是完美的,不存在"放之四海而皆准"的资源。每类资源都各具特点,并且每类资源可供选择的具体资源种类、载体类型众多,因此教师应根据教学实际需要选择合适的翻转课堂教学资源。一般而言,翻转课堂教学资源的选择需遵循最优选择原则、具有较强兼容性、多种媒体组合。

最优选择原则是指教师根据教学内容和教学目标的要求,选择存储和传递相应教学信息并能直接介入教学活动过程中的载体,就是选择教学资源。

具有较强兼容性是指当众多便携式的移动智能终端在大学英语教学中广泛应用以后,大学英语教学不仅变得更加高效,也发生了一场变革。在这种情形下,翻转课堂理念变得普及起来,翻转课堂的应用也得以在大范围内开展。翻转课堂实施的普遍现象是学生利用各类移动设备,如平板电脑、智能手机等进行课外自主学习,课内教师利用移动终端设备进行授课。因此,资源载体的改变,迫使资源的形式也做出相应的改变,要求其必须兼容各类学习终端设备,在各类终端设备中都能流畅运行。

多种媒体组合是指翻转课堂教学真正做到了以学习者为中心,这对后期教学资源的选择也有着一定的指导作用。在选择教学资源时,教师应该考虑学生的兴趣、生活现实,尽可能选择丰富的教学资源形式,即有机结合文字、图片、声音、视频、动画等多种媒体形式。

(三)设计英语教学活动

根据前面所述的翻转课堂的完整过程,翻转课堂教学活动设计包括课外活动设计和课内活动设计两个部分。

其一,设计课外学习活动。翻转课堂的课外学习活动一般属于线上活动,主要包括以下几类。

在线学习。在课外,学生通过阅读相关的电子书籍、资料或观看教师提前准备好的讲授视频,掌握并理解课程中重要的信息。在线学习主要有阅读电子教材和观看教学视频两种形式。有时为了加深学生对信息的理解,在线学习的材料还附加一些引导性问题、反思性问题、注释、小测验等,用于辅助学生进行自主学习。

交流讨论。通过在学习管理系统中开辟一个专门的讨论区,或借助专门的在线交流工具,教师和学生以课外学习内容为主题展开交流和讨论。讨论主题既可以由教师预设,也可以由学生创设。这样一种师生在线辅导和生生自组织学习的学习模式就形成了。借助这种学习模式,学生掌握学习内容的速度较快,并且掌握的层次较深,从而为课内的学习活动做好准备。

在线测评。在学生完成了新知学习的任务后,可以进行在线测评。在线测评一般采用低风险、形成性的评价方式,不仅检验了学生的学习成果,还提供一个学生反馈问题的机会。通过在线测评,教师和学生在课内教学活动开展前针对问题提前做好准备。

其二,设计课内学习活动。根据翻转课堂的特点,影响翻转课堂教学效果的最大因素是如何通过课堂活动设计完成知识内化的过程。在设计课堂活动时,关键要看情境、协作、会话等要素是否有利于学生主体性的发挥,从而促进学生达到高阶思维能力的目标。课内学习活动一般可以分为个体学习活动和小组学习活动。

第四节　线上线下混合式教学模式

开展混合教学,即将课前、课中、课后等环节融合起来,实现更高目标的产出,培养出更多优秀的英语人才。其改变了传统的"灌输式"教学模式,将学生作为中心,在教师的指导下展开学习。本节就对"互联网 +"背景下的大学英语线上线下混合式教学模式展开分析和探讨。

一、什么是线上线下混合式教学模式

多媒体网络技术在教育领域广泛应用的大环境下,"教师主导 + 学生主体"的教学模式在许多院校盛行。在如今智能手机、平板电脑、网络为时代印记的新技术的时代下,教学模式不仅要求灵活运用以教为主的教学策略和以学为主的学习方式,同时需要整合各种教学资源,要求教师进行相应的角色转变。

依据建构主义、情感过滤假设理论,结合教学实际,从语言知识、语言技能、情感态度、文化意识、学习策略五个维度综合考虑构建了适用于高校的移动平台翻转课堂授课、线上交互式数字课程学习、线下模拟场景实践、过程性与终结性评价结合的四位一体混合式教学模式,并制订了基于网络交互式教学平台的大学英语混合式教学模式图(图4-3)。

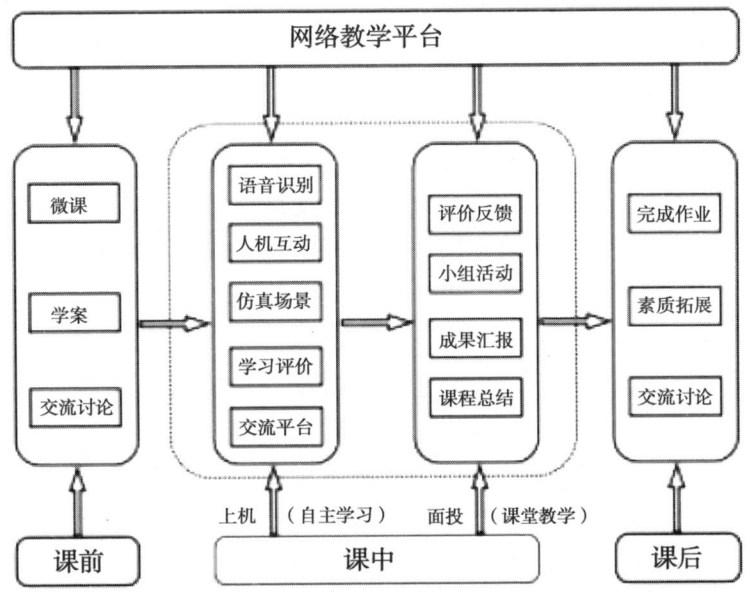

图 4-3 大学英语混合式教学模式

从图 4-3 中我们可以看到,在这个教学的过程中,教师在教学环节中不再是过去的讲授者或灌输者,而转变为一个帮助者和支持者,教师在课前和课后的准备工作及评价工作中的功能远大于过去,而学生在课前、课中、课后均为学习的主体,这与过去的"教师讲、学生听"的教学模式有了很大的不同。

二、大学英语线上线下混合式教学模式的优势

(一)方便灵活

信息科技与互联网的发展及其所带来的便利,使得英语教学视频可以在网上广泛传播,多样化的视频教学形式,如专题讲解、碎片化学习、视听说一体的视频教学等教学形式开始出现,使得英语教学的灵活性大大提高。首先,学生可以通过网络方便快捷地获取多元化的教学资源,不受时间和空间的限制而进行碎片化的学习。其次,教师可以通过网络资源提升自身的专业素质和水平,从而开展形式灵活、多样化的优质教学,提高英语课堂教学效果。

（二）贴合需要

在大学英语教学中运用线上线下混合式教学模式，能有效加强学生的学习体验，提升学生的学习效率，而且切合学生的实际需求。首先，网上含有大量的英语教学视频，学生可以根据自身的水平和学习需求，自主选择优质课程，有针对性地利用教学资源。其次，通过线上线下混合式教学模式，学生可以获得丰富的学习体验，形成自主探究的学习习惯，满足个性化发展需求。

（三）切入精准

相较于传统的教学模式，线上线下混合式教学模式切入点精准，在整体上能够扩展学习空间。该教学模式引发了教师主导的课堂格局的改变，通过丰富的线上资源来充实课堂内容，并且通过线下形式多样的个性化实践措施丰富学生的学习体验，进而精准地切入学生的爱好点，拓展学生的学习空间。将线上线下两种模式混合应用，能够有效改变教学的思路，切实优化教学质量。

三、大学英语线上线下混合式教学模式的策略

（一）带疑探究—讲授示范—动手操作型

（1）教师要根据课程教学的目标来找到一个或几个富有探索性的问题，然后将问题以适当的时机和方式向学生提出，并引导他们利用已有的信息技术找寻解决问题的方法。

（2）教师利用分解法，将问题由一分多，细致讲解每一个小问题，并进行必要的问题解决示范。

（3）学生通过教师的讲解与示范开始尝试解决问题，在这一过程中如果遇到新的问题便开始思考及向教师提出问题，得到解答后再进行操作，直到问题得到解决，最终掌握了知识和技能。

（4）教师评价学生的学习表现，学生之间也要进行互评。

（二）任务驱动—协作学习型

（1）教师以教学内容中的重点和难点为依据，灵活设计信息技术的教学任务和目标。对于任务的设计要遵循由易到难、由简到繁、由外到内。

（2）教师给学生布置教学任务，然后让学生自由选择自己的合作伙伴来共同协作开展研究。学生在研究学习的过程中对所获得的一切信息和资料都要注重和同伴分享，一起讨论，一起研究。

（3）教师对学生的学习活动进行总结性评价。考察的重点在于学生对信息技术的应用能力。

（三）自主—监控型模式

自主—监控型模式的教学地点是在建立了网络的教室里。具体学习模式为学生将教师提供的教学资源利用起来进行学习，教师则观察学生的学习过程。为了给学生创造良好的自由氛围，教师可在教室外通过监控观察。当教师发现学生在某环节中遇到问题，则应适当提供帮助。在自主—监控型模式中，学生可根据需要使用网络资源。自主—监控型模式的实施程序如下。

（1）教师根据教学目标对教材予以分析，然后以教师认为的最理想的方式向学生呈现教学内容。

（2）学生在接受了学习任务后，需利用相关资料或信息进行独立学习或协作学习。在此过程中，教师的任务是观察、监督，并在必要的时候提供适当的指导。

（3）教师对学生的学习活动进行总结性评价，并且总结评价具体到个人。

（四）群体—讲授型模式

群体—讲授型模式是面向多数人（通常为一个班）进行教学的模式。在这种模式下应用的信息技术只是作为一种教学手段出现。该模式的特点主要如下。

（1）集文字、图片、声音、图像等多媒体教学内容于一身，让学生对课堂教学活动有更为直观的认识和理解，而不再是过往的那种过于抽象的感觉。

（2）使用便捷、简单、易操作，如此得以将教学内容快速、及时地呈现出来，这无疑可以大大提高教学的效率。

（3）过往教学中那种宏观、微观以及时间、空间等因素都不再成为限制，如此更加方便了教师对教学重难点的把控与教学。

群体—讲授型模式的实施步骤如下。

（1）教师在备课阶段就要全面掌握教学内容，并对教学中需要的图片、视频等资料细致选择,对需要演示的课件要设计得当。

（2）教师努力创设教学情境,将教学信息展示给学生,引导学生思考。

（3）教师对教学活动做总结性评价。

（五）讨论型模式

讨论型模式是教师与学生通过网络进行的实时或非实时交流的一种教学模式。对于这种模式的应用,通常是由教师提出某一问题,然后由学生主要讨论问题。对于学生的讨论,教师要一一听取,这是了解学生学习思维和发现其中可能的问题的好机会。如果发现问题,教师要及时指导。这是一种对学生非常友好的教学模式,不过需要耗费一些时间,教学效率相对较低。

在讨论型模式中,教师要始终尊重学生的主体作用,要允许学生发散思维,对学生的一些奇异思维不要打断,而要做到先倾听,这是鼓励他们尝试创新的良好开始。

（六）研究型课程

研究型课程与当下常见的科学研究的方法已经非常接近了。学生在这种模式的课程中利用信息技术作为工具来分析、归纳、整理各种资料,找寻对解决问题有帮助的信息。

研究型课程中的整合任务是课后的延伸,超越了传统的单一学科学习的框架,它会根据学生个体的认知水平以主题活动的形式呈现生活中的一些问题,以此激发学生的研究兴趣,并完成相应的学习任务。

学生在研究型课程模式中的学习,在设计研究方案、实施方案以及完成任务等环节中都享有相当高的自由度,教师更多只是在选题和资料收集环节中提供些许帮助,如此更能突出学生的主体性和参与性。不过,教师提供的帮助仍旧是不可或缺的,甚至这可能决定学生研究型学习最终的成败。

第五章 "互联网+"背景下大学英语的创新学习模式

当前,互联网技术对人们的生活、生产等造成影响,对于传统的教学方式、教学理念等产生冲击,这给大学英语教学带来了新的活力。随着大学英语教学的不断改革与进步,学生已确立了自己的主体地位,因此在教学中教授给学生相应的学习技巧是非常重要的。在"互联网+"背景下,大学英语学习模式需要与社会发展相适应,这样才能更好地拓展学生英语学习的内容、培养学生英语学习的兴趣和积极性。本章就对"互联网+"背景下大学英语的创新学习模式展开分析。

第一节 自主学习模式

在今天这个知识爆炸的时代,信息的传递与更新极为迅速,人们逐渐意识到仅靠学校学习获得的知识、信息来应对这个复杂多变的世界是远远不够的,如果不能及时为自己"充电",就将被时代的洪流所淹没。在此背景下,"自主学习"就成为时下人们最关注的问题,也成为大学英语教改中的重要内容。本节就对"互联网+"背景下的自主学习进行分析和论述。

一、什么是自主学习模式

对于自主学习,国内外很多学者进行过研究和探讨,并发表了自身关于自主学习的一些文献与书籍。下面就重点来介绍几位有代表性的学者。

国外有两位权威的学者对自主学习进行过论述,一位是亨利·霍里克(Henri Holec),一位是齐莫曼(Zimmerman)。

亨利·霍里克在他的《自主性与外语学习》一书中指出,自主学习能力应该包含对学习目标与内容的确立、对学习技巧与方法的选择、对学习过程的监控与评估这几大层面,并且指出学生只有做到了这几点,他们才能真正地对自己的学习负责。亨利·霍里克认为,学生的自主学习能力并不是与生俱来的,往往是后天形成的,甚至需要专门训练而成。显然,从亨利·霍里克的论述中可以看出,他的自主学习观实际上挑战了传统的学习模式,因此受到了很多学者的认可与支持。

齐莫曼是一位著名的心理学家,他对自主学习的论述主要是从心理层面考虑的。齐莫曼基于前人的研究,指出学生只要在动机、元认知、行为三个层面做到积极参与,那么就可以认为他们的学习是自主学习。[①]换句话说,齐莫曼指出了自主学习的三个影响因素,即动机、元认知与行为,其中动机指学生从被动学习转向主动求知;元认知指学生能够对不同阶段的学习进行反思;行为指学生能够从自己的意愿出发选择与创设学习环境。

除了国外学者对自主学习进行研究,我国学者也对自主学习进行了激烈的探讨,他们基于国外的研究成果,并且考虑我国的实际情况,对自主学习进行初步的研究。我国学者主要围绕自主学习中师生的角色、自主学习的原因与意义、自主学习的实施等层面展开研究。

我国学者庞维国在他的《自主学习——学与教的原理和策略》一书中,对自主学习的概念进行了明确的界定。在庞维国看来,自主学习是基于能学、想学、会学、坚持学这四个层面基础上的一种学习方式。庞维国还从横向与纵向两个视角来阐释自主学习的概念。就横向角度而言,如果学生能够对自己学习的各个层面进行自觉选择与控制,那么就可以说他们的学习是自主学习;就纵向角度而言,如果学生能够在整个学习过程中挖掘与把握自主学习的实质,那么也可以说他们的学习是自主学习。

虽然国内外学者对于自主学习的界定存在差异,但是大多数学者已经基本达成共识,即自主学习是将学生作为中心,根据学生自身需求进行自主学习规划、自主学习管理、自主学习监控、自主学习评价等。具体而言,自主学习可以划分为如下五个步骤。

(1)学生基于不同需求,分清学习主次,对自己的学习目标进行规划。

(2)学生基于需求选择学习材料,并制订与自己学习风格相符的学习策略。

(3)学生对自己的学习进度、学习时间要合理把控。

---

① 严明.大学英语自主学习能力培养模式研究:体验的视角[M].哈尔滨:黑龙江大学出版社,2009:42.

（4）学生在学习中要不断反思与调整。

（5）学生要对评价标准有明确的把握，从而对自己的学习效果进行衡量。

二、学生进行自主学习的优势

（一）体现终身教育体系的需要

随着科技、社会的发展，人们认识到需要建立终身教育体系，这一教育体系打破了传统教育体系的封闭性与终极性，使教育成为一个伴随终身、持续不断的过程。未来的社会是一个持续学习的社会，为了与社会的发展相适应，人们就需要不断学习、不断发展。因此，这也是对学生的要求，通过自主学习，学生能够适应不断变化的社会、不断变化的职业要求，从而不断提升自我质量与自我价值。

（二）符合学生自我发展的需要

相较于其他国家，我国对英语课程教学的投入是巨大的，但不得不说，虽然投入巨大，但效果不甚理想。出现这种情况的主要原因就在于我国的英语课程教学模式过于单一，即只注重教，而不注重学，简单来说就是严重忽视了学生的主体地位。

众所周知，不同学生的学习存在明显差异，这些差异的形成有先天原因，也有后天原因。在这些原因中，先天原因无法改变，但后天原因是可以弥补与改变的，如学习风格、学习动机等，这恰好是自主学习的要求。

三、"互联网+"背景下大学英语自主学习的开展

（一）培养自主学习习惯

良好的学习习惯对于学生的自主学习是非常重要的。在自主学习中，大学英语教师应该努力培养学生的自主学习习惯，使学生努力克服自主学习中的不适感，发挥自身优势，从而完成学习目标。

（二）训练自主学习技能

自主学习需要一定的技能，这些技能并不是先天的，而是经过一定的

训练和实践获得的。因此,在大学英语课程教学中,教师应该注意训练学生自主学习的技能,从学生个体的需求出发,制订符合学生学习情况的自主学习计划,帮助他们掌握适合自己的自主学习技能。

在学生的自主学习过程中,教师的责任就是指导学生掌握学习策略,并且学会运用学习策略。教师可以为学生推荐一些阅读材料,并且给学生介绍一些阅读技巧,指导学生写读书笔记,从而不断提高学生的自主学习能力。

第二节　合作学习模式

从本质上来说,英语学习的过程其实就是交际的过程,而交际行为的基础是合作。通过合作,语言交际的内容更加丰富,而英语学习也就更加深入。合作学习是一种学习方式,但是从实质上来说,它是学习者社会性的本质体现。随着社会、科技的迅猛发展,合作学习已经成为社会学、人类学、政治学、科学、经济学等学科领域研究的焦点。

一、什么是合作学习模式

合作学习诞生于 1970 年前后的美国,并于 1970 年中期到 1980 年取得了显著的进步。很多学者对合作学习进行了分析和探讨。

美国教育心理学家罗伯特·斯莱文(Robert E. Slavin)指出:"合作学习即学生在小组内展开学习活动,并以小组成绩来判定自己的表现,获得奖励与认同。"[①]

我国学者王坦指出:"合作学习的目的在于促进小组之间的相互促进与帮助,从而实现学习目标,进而通过小组成绩来判定自身的表现,获取奖励。总体来说,合作学习属于一种教学策略体系。"[②]

合作学习的内涵是非常广泛的,其不仅涉及协作学习,还涉及小组学习。但是,无论采取怎样的方式,都强调小组或者集体来完成任务。在合作中,教师应该放权,充当指导者的角色,让小组学生努力完成任务。

[①]　Slavin, R. E. Cooperative learning[J]. *Review of Educational Research*, 1980 (50): 315-342.

[②]　王坦 . 合作学习的理念与实施 [M]. 北京: 中国人事出版社, 2002: 26.

二、学生进行合作学习的优势

(一)调动学生积极性

在传统的大学英语教学中,学生处于被动接受知识的地位,因此他们的课堂主动性较差。在合作学习中,学生依据一定的标准组成学习小组,对英语教学形式予以丰富,在合作中,学生会不断提升自身学习的积极性与主动性,从而使自己的学习内容也变得更为生动。

合作学习有助于调动学生学习的主动性与积极性,普遍提升那些成绩较差学生的学业成绩,促进学生集体的形成。合作学习可以提升学生的主体意识,提高学生参与英语学习的程度,促进学生更加充分地展开交流。

(二)培养学生团体意识

合作学习有助于培养学生的团体意识。因为在小组交往中,学生会将自己归属于团体内,与团体荣辱与共,从而不断形成团体意识,形成强烈的集体荣誉感。团体意识的产生,对于学生提升人际交往能力非常重要。

(三)培养学生创新精神

合作学习有助于提升学生的创新意识与精神。日本学者片冈德雄的研究表明,班级气氛一旦成为"支持性风气",成员之间就会相互合作与信赖,其共同完成作品,并且在立意与变化中有较为明显的体现,并体现出创造性品质中的丰富性与独特性。

(四)促进小组任务的完成

由于合作学习具有互助性与交往性,因此在英语学习中,教师可以引导学生展开合作与交往,使他们在交往中不断协作与获得启发,并彼此进行鼓励,从而实现成果为小组成员共享,共同面对遇到的问题。

这样合作学习就能够解决那些成绩较差学生在学习中无法解决的问题,因此合作学习是一种有效的破除问题、攻克难关的方式。要想实现这种有效性,要求学习任务的难度要超过个人解决的力量,这样才能通过合作解决。

三、"互联网＋"背景下大学英语合作学习的开展

（一）进行合理的分组

合理分组是学生展开合作学习的前提条件。如前所述,合作学习是通过小组之间配合展开学习的,因此合作学习的前提在于对学生进行分组。

在分组的过程中,教师需要进行仔细的分析与考虑,对组员的安排要予以重视,从而保证每一个小组之内的成员都能够多样化,无论是在兴趣上的多样化,还是在知识与性格上的多样化。因为这种多样化的布局可以对小组结构予以平衡,帮助小组进行公平的竞争。

在进行分组时,需要遵循组间同质和组间异质的原则。基于这两个原则,小组成员的知识水平才更具有层次性,知识丰富的学生可以帮助那些知识掌握能力差的学生,从而促进学生完成小组任务。同时,同学之间互相帮助还能够调动学习的积极性与主动性,便于形成集体的氛围。

（二）策划与提出问题

这一步是小组合作学习的重要步骤。在策划任务的时候,教师需要从学生的整体情况进行考量,同时在设计任务时,也要考虑任务是否可行,是否具有操作性。

对于问题的设置,教师需要遵循开放性与讨论性的原则,可以根据教学内容,对任务进行合理安排,同时教师需要设定学生完成任务的时间。

在完成任务的过程中,教师主要承担指导者的角色,需要辅助学生制订具有一定难度的任务,这样小组才能为了完成任务展开合作,成员之间也会发挥自己的主观能动作用。

（三）控制合作的实施

在进行合作学习时,各个小组任务的完成具有阶段性。也就是说,学生在每一个阶段的学习任务都是不同的,因此在这之中,教师需要进行控制。

在初始阶段,小组成员需要进行探讨与研究,每一位成员需要独立思考任务与任务中的问题,促进学生扩展自己的创造性思维。并且,在这一基础上,需要进行探讨,最终形成小组的统一观点。另外,一个小组需要

一个发言人,便于将自己的小组结果陈述给大家。最终,全班各个小组之间展开交流,实现信息的互通。

(四)进行效果的评价

对合作的最终结果进行评价并不是一件简单的事情,其中涉及很多内容。

首先,学生的学习过程、学习结果需要教师给出合理的评价。

其次,小组各个成员的表现需要教师给出恰当的评价。

最后,对班级里一些表现优秀的小组给出一定的评价,这可以让学生意识到合作小组是一个集体,每位成员想要实现自己的个人目标,就必须依赖整体目标的实现,从而培养学生建构较强的合作精神以及合作学习能力。

第三节　项目式学习模式

项目式学习模式强调将学生置于教学与学习的中心,从而培养学生的英语综合运用能力。"互联网+"背景下的大学英语教学也是着眼于学生应用能力与自主能力培养的教学方式。因此,将二者结合有助于从整体上提升我国英语教学的科学性与实用性。

一、什么是项目式学习模式

项目式学习中的"项目"是管理学中的项目在教学领域的延伸与运用。具体来说,项目式学习是"以学科原理为中心内容,使学生在真实世界中借助多种资源开展探究活动,并在一定时间内解决一系列相互关联着的问题的一种探究式学习模式"①。

项目式学习主张,通过探究不同的问题,学生能够获得一定的知识与技能,这是一种系统性的教学方式。

---

① 霍玉秀.基于"项目式学习"模式与学生综合能力的培养[J].语文学刊·外语教育教学,2013(11):96.

二、学生开展项目式学习的优势

项目式学习主要有如下几个特征。

（1）项目式学习对学习环境有一定的要求，一般需要在真实、具体的环境中展开学习。

（2）项目式学习要求按照学习的需求设定不同的项目。

（3）项目式学习的内容需要以现实世界为依托，设计学习的问题时要注重实用性，要求学生在完成任务过程中了解问题解决的理论以及实际解决问题的技巧。

（4）项目式学习主张学习的手段可以数字化，如利用多媒体、网络等现代信息技术。通过数字化的途径，可以拓展学习资源，提高学生自主学习的意识与能力，从而在解决问题的同时锻炼自己的实践能力与创造能力。

（5）项目式学习注重合作性。由于项目式学习任务十分丰富，因此需要学生综合利用书本知识、自身经验、创造思维以及相互协作才能完成。这就需要使学生学会在不同的任务阶段和不同层次的同学进行合作交流。

（6）项目式学习的基本主张是以学生为中心，因此教学的重点是锻炼学生的自主性，挖掘学生的主动性，发展学生的学习能力、问题解决能力、批判性思维能力等。

三、"互联网 +"背景下大学英语项目式学习的开展

（一）实施的原则

翻转课堂模式下项目学习的开展一方面要符合信息技术辅助教学的相关原则，另一方面应以项目式学习的相关原则作为指导。具体来说，实施项目式学习应该遵循如下几个原则。

1. 目的性原则

因为翻转课堂模式下的项目式学习是在英语教学的总体教学目标之下展开的，所以在学习方式展开过程中，应该以英语教学的相关目标作为展开依据。基于目的性原则，教师应该科学设计项目，保证项目从总体上是在教学目标的大范畴内，从微观上保证每个项目都包括明确的教学目标。

因为信息技术资源具有繁杂性的特点,所以教师应该事先对信息技术资源进行筛选,将其中有利于项目完成的教学资源传递给学生,调动学生完成项目的积极性,并且在总体教学目标的指导下展开项目。

2. 以学生为中心原则

翻转课堂模式下的项目式学习应该坚持以学生为中心的原则。语言能力的提高必须以大量的练习作为支撑,而这种练习必须以学生为中心,发挥学生的主观能动性。教学模式、教学手段、教学活动的设计均要围绕学生展开。

翻转课堂模式下项目式学习可以使学生以更加积极的心态参与学习活动,主动建构自身的知识体系。只有学生有了一定的学习主动性,才能根据自身的学习水平与特点进行学习内容的选择,从而更加合理地安排学习进度。

3. 系统性与最优化原则

语言能力的提升离不开大量的练习和积累,是一个循序渐进的过程。基于信息技术的英语项目式学习也要遵循系统性与最优化原则,不断丰富学习内容,实现识记、感知、理解、运用、创新的递进。

当前我国信息技术系统可以为师生提供丰富的具有渐进性和系统性的教与学的资源,教师应该在考虑学生当前学习水平和学习需要的基础上科学设计学习项目。

4. 情境与交际性原则

学习语言的目的是更好地应用。利用信息技术为学生创设真实的语言交际情境有利于发散学生的思维,使其利用已知经验去建构新的知识体系。如今,信息技术已经渗透到了英语教学的不同方面,通过信息技术资源可以为外语项目式学习创设真实的语言情境与交际情境。

5. 情感与合作学习原则

情感因素(如动机、态度、兴趣、注意力等)对于学生的学习质量有着一定的影响。通常,积极的情感因素可以促进英语学习,而消极的情感因素会阻碍英语学习。

翻转课堂模式下的英语项目式学习可以激发学生的学习动机,提高学生语言学习的主动性和创造性,从而激发学生学习英语的兴趣。在信息技术的帮助下,英语知识可以以更加立体、多样的方式呈现出来,便于学生对知识的吸收与内化。教师应有意识地拉近师生之间的情感沟通,并且传授给学生一些具体的合作学习方式,从而便于项目的完成。

（二）实施的步骤

翻转课堂模式下的英语项目式学习主要有如下几个步骤。

1. 项目设计

翻转课堂模式下英语项目式学习展开的基础,需要教师在研究教材、搜寻资料等基础上科学设计。教师应利用信息技术教学资源,进行线上、线下的项目重构,并且基于教学内容进行学习资料的组织与加工。

2. 项目实施

项目实施是翻转课堂模式下英语项目式学习的中心环节,师生应以信息技术资源为平台进行交流和沟通,不断扩展学习资源、认知工具等。学生应该充分发挥自己的主观能动性和综合应用能力,对信息资源进行查询和重构,以便更好地完成学习项目。项目的完成不但是对学生学习能力的考验,也能进一步扩展学生的思维,从而提高学生的学习能力。

确定项目需要教师充分利用信息技术资源创设真实的语言场景,从而激发学生对学习项目的探究兴趣。学生通过教师的引导初步感知项目,明确项目的要求,从而为下一步骤的实施打下基础。

3. 制订计划

在制订项目计划的过程中,学生已经通过自由组合形成了学习小组。教师可以向学生介绍项目完成的要求与形式,指导学习小组分析项目中包含的英语知识。

在交流与总结的过程中,师生可以共同确立项目完成的计划,分析项目完成所需要的步骤,并明确不同阶段的任务、时间等具体细节。

4. 活动探究

在此环节中,教师的角色为资源提供者和指导者,需要在项目进行中适当给学生提供一些学习资源,并且根据不同学生的表现给予一定的指导。学生通过运用信息技术进行学习资源的浏览,并且与小组成员进行探索完成阶段性项目。在活动探究阶段,教师对学生的学习状况需要进行观察与调解,从而为后续的评价做准备。

5. 作品制作

通过运用信息技术资源,项目式学习的成果可以以不同的形式体现,如情景剧、微电影等。在作品制作的环节,教师可以提供一些合适的信息技术工作,指导学生利用信息技术制作项目产品。不同的项目学习小组能根据学习要求进行制作,对搜集到的资料进行重组和加工。

6. 成果交流

成果交流就是教师组织项目小组进行学习汇报展示。小组成员应该汇报项目完成的计划、合作情况等。在信息技术的支持下,成果交流的方式更为多样,可以进行 PPT 展示,可以动态展示。通过成果交流,各个小组可以取长补短,共同进步。

7. 总结环节

在项目式学习中,教师也发挥着重要作用,其需要在完成项目后对活动进行总结。例如,指导学生进行自我评价;指导学生进行小组互评。通常,基于信息技术的英语项目式学习模式的成果评价涉及个人、小组和教师三个方面。

第四节　体验式学习模式

体验式学习通过关注学生英语学习的动机,使学生在学习中获得一种心理和情感上的体验,并扩大积极情感在体验学习中的作用范围,从而提高教学与学习效果。

一、什么是体验式学习模式

美国心理学家、教育家杜威(John Dewey)认为:"自然和经验是和谐并进的——经验表现为认识自然、深入自然奥秘的方法,并且是唯一的方法,而经验所揭示出来的自然,则使经验的进一步发展深刻化、丰富化,并得到指导。"

学生在体验式学习过程中并不是简单地获得知识,而是更加关注对经验的总结与反思,因此带有实践性与思考性。美国社会心理学家、教育家、体验式学习大师大卫·库博(David Kolb)(1975)认为,体验包括四个阶段的模型。

(1)具体的体验(concrete experience)。

(2)观察与反思(observation and reflection)。

（3）形成抽象的概念和普遍的原理（formation of abstract concepts and generalization）。

（4）在新的情境中检验概念的意义（testing implication of concept in new situations）。

库博的体验学习循环模式如图5-1所示。

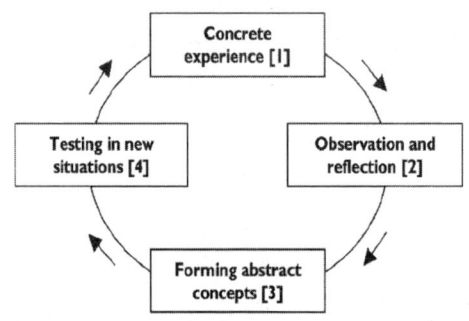

图5-1　库博的体验学习循环模式

（资料来源：王雷，2007）

从学校教育史上来说，体验式学习之所以多次被边缘化，但是又难以真正分割的原因在于体验式学习自身的优势。具体而言，体验式学习对教育的意义主要体现为如下几点。

（1）体验式学习中的情节记忆。现代认知心理学将人的记忆划分为两种：一种是陈述性记忆，另一种是程序性记忆。前者指的是个体能够有意识地回忆且能够清晰陈述的记忆，如语义记忆、情节记忆等；后者是关于如何做事的记忆，在执行动作或者认知技能时往往会被激活并提取。在体验式学习中，个体所包含的记忆与知识接受学习明显存在着差异性，这可以从斯登伯格（Sternberg）的模型中体现出来，如图5-2所示。

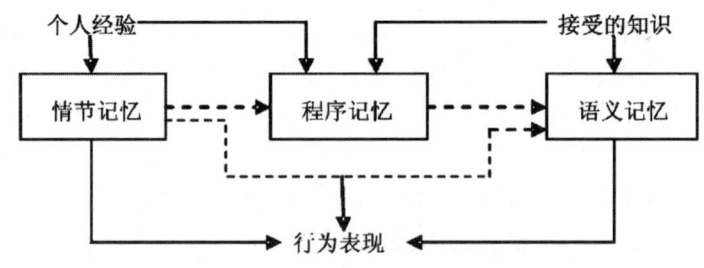

图5-2　不同来源知识的记忆

（资料来源：庞维国，2011）

从图5-2中可以看出，体验式学习所获取的记忆不仅包括情节记忆，还包含程序记忆，并且二者都能够转化成语义记忆。同时可以看出，通过知识接受的形式学习,所获得的记忆并不包含情节记忆,只涉及程序记忆与语义记忆。这就是说,体验式学习要比接受学习更为丰富,能够为知识提供丰富的线索,让学习者获得可提取知识的量。另外,语义记忆需要多次记忆,但是情节记忆具有一次性习得的特点,因此可以借助体验式学习获得一些情境性知识。

（2）体验式学习中的情绪记忆。在体验式学习中,情节记忆不仅涉及时间、地点、事物等,还包含与其相关的情绪记忆,并且本身具有促进记忆的效果。著名学者鲍尔认为,情绪记忆与命题记忆有着相似性,往往以节点形式在记忆中形成表征,并且与表征情绪事件的命题节点连接起来。一旦表征事件的某一个命题节点被激活,情绪也会随着激活扩散而被激活。在体验式学习中,知识记忆与情绪记忆具有一致性与共时性,因此两种记忆会同时被编码,进而在头脑中存储下来,通过这种双重编码,使得体验式学习获得的知识不仅被相关知识激活,而且被情绪记忆激活,从而便于人们回忆。

（3）体验式学习的自我决定性。体验式学习以学习者为中心,在这种学习条件下,学习的形式、内容、场所、时间等往往由学习者控制和选择。与接受式学习相比,体验式学习更具有个性化与自主性。体验式学习还是一种情境式学习,虽然学习目标与过程是事先规划好的,但实际在学习过程中,学习情境的动态变化性会使得学习者的学习内容、学习目标发生改变,从而呈现出开放性,其不仅有助于培养学习者的自我调节能力,而且有助于让学习者体验到更多的自我责任感。

二、学生开展体验式学习的优势

体验式教学主要是"以外部事物对学生思维的影响度为出发点,采用相关情景呈现等方法,调动其语言学习的自主性和积极性,从而达到提高英语水平的目的"。具体来说,体验式学习的特点主要包括以下几个方面。

（一）强调个体参与

体验式学习注重学生在做中学、在乐中学,因此产生积极的情感体验成为体验式学习的重要特征。

这种学习方式强调个体的参与性,注重学生情感体验的获得。因此,教师需要以此为根据设计丰富多样的教学情境,从而激发学生的学习兴趣,让学生获得愉快的学习感受。

（二）强调真实语境

体验式学习主张要将学习活动置于真实的语言环境中,学生在这种场景中来感知自身角色,学习一系列与生活相关的语言知识。

（三）注重学习者对经验的获得与利用

体验式学习把需要熟悉的未来场景引入学习者的视线。[①]学生通过场景的反复模拟,能够积累自己的生活与交际经验。这种知识的积累带有乐趣性,能够使学生产生积极性与主动性。

三、"互联网+"背景下大学英语体验式学习的开展

（一）实施实时交互与协作

现在,师生之间可以在信息技术环境中进行随时的交互与协作,学生可以在网络平台上发布自身学习中所遇到的心得与感受,或者吸取他人的学习经验,教师可以根据学生的反馈信息掌握学生学习中的难点与体验点,从而更好地帮助学生掌握知识,并给予学生更有针对性的指导。

由于信息技术平台不因时间、地点而影响学习者的沟通,因此学生之间也能进行即时的沟通,并组成相应的学习小组,从而取长补短、分工合作。信息技术的实时交互平台有很多,如微博、微信等。

（二）创建个性化的学习环境

体验式学习方式主张发挥学生的个性特点,使学生在学习中成长。信息技术资源的利用可以给学生的个性化学习体验打下良好的基础。

由于不同学生个体的差异性,因此其学习所需要的具体学习资源也不尽相同。传统英语课堂教学由于条件的限制无法照顾到每个学生的个体需要,致使教学处在一种硬性统一之中。在信息技术环境下,教师可以设计满足不同学习体验的活动,从而使学生掌握学习的主动权与自主权,能够根据自身的兴趣和长处展开学习。这种学习能够增加学生的成功体

---

① 梁为.基于虚拟环境的体验式网络学习空间设计与实现[J].中国电化教育,2014（3）：82.

验,从而增强学生学习的自信心与自豪感。

(三)开展网络游戏化教学

网络游戏化教学指的是借鉴游戏的自主性、挑战性、悬疑性等理念,将具体的英语教学目标隐藏在游戏关卡之中。教师可以根据不同的学生年龄阶段和学习情况,采用相应的游戏化教学策略,从而寓教于乐,使学生在放松的心态下掌握一定的英语知识,提高自己的技能。

游戏化教学的实施是以网络环境为基础的,通过网络技术,教师能够构建更为有趣、逼真、丰富的学习空间,使学生在网络环境中扮演不同的角色,体验语言交际所能使用到的交际规则和语言知识等。

第六章 "互联网+"背景下大学英语基础知识教学的创新优化

随着大学英语教学内容与要求的不断更新,教学方式也在不断变革。互联网不仅为大学英语教学提供了广阔的空间、便利的资源,还为大学英语基础知识教学提供了新的教学途径,进一步调动了学生学习语音、词汇、语法这些基础知识的积极性与主动性,保证了语音学习、词汇学习、语法学习的质量,提升了他们的基本语言能力。本章就来分析"互联网+"背景下大学英语基础知识教学的创新优化。

第一节 "互联网+"背景下大学英语语音教学的创新优化

语言首先是有声的语言,文字不过是有声语言的记录符号。语音不但是语言的本质,而且是语言教学的基础。语言如果丢了语音,就成了死的语言,其交际作用、教学活动均会受到限制。如果一个人的发音很不标准,语调也不顺畅,那么要听懂别人说话或让别人听懂自己的话,都是很难的。因此,在"互联网+"背景下,大学英语教学应重视语音教学。

一、大学英语语音教学简述

(一)语音的内涵

语音是人的发音器官发出的声音。这种声音具有目的性,是为了满足人们某些交际需求而发出的。一般来说,语言包含音、形、义三部分,而语音在其中占据第一位。因此,语音是非常重要的,是语言形成的一个重要标志。

英语语音分为辅音和元音两部分,具体分析如下。

1. 辅音

辅音即气流在口腔或咽头受到阻碍而形成的音。辅音也称"子音"。换句话说,发音时气流受到发音器官的各种阻碍,声带不一定振动,不够清晰响亮的音素就是辅音。气流从肺部出来不一定振动声带,通过口腔时受到一定阻碍,其主要依靠阻碍发出的音就是辅音。

英语国际音标中共有 28 个辅音,如表 6-1 所示。

表6-1 28个英语辅音音标

爆破音	清辅音	/p/	/t/	/k/		
	浊辅音	/b/	/d/	/g/		
摩擦音	清辅音	/f/	/s/	/θ/	/ʃ/	/h/
	浊辅音	/v/	/z/	/ð/	/ʒ/	/r/
破擦音	清辅音	/tʃ/	/tr/	/ts/		
	浊辅音	/dʒ/	/dr/	/dz/		
鼻音	浊辅音	/m/	/n/	/ŋ/		
边辅音	浊辅音	/l/				
半元音	浊辅音	/j/	/w/			

(资料来源:朱鑫茂,2003)

2. 元音

元音也称"母音"。通常而言,元音具有如下几个特点。(1)在发音时,气流在口腔、鼻腔中均不受任何阻碍,能顺畅地流出,只要利用口腔、鼻腔等造成的共鸣器就能发出不同的元音;(2)发音器官均衡地紧张;(3)声带颤动,声音响亮;(4)气流弱。此外,元音均为乐音,这也是它的一项特征。

元音可以分为单元音和双元音两种。当发单元音时,唇形和舌位不变。双元音包含两个因素,发音时由一个元音向另一个元音滑动,元音之间的差异,取决于舌位的高低和前后、牙床开合的程度、唇形的大小与圆扁。

单元音可以进一步分为前元音、中元音和后元音,其区分点在于发音时舌身是在口腔的前部、中部还是后部,牙床的部位决定发出的元音是开口元音、半开口元音、半合元音,还是合元音。表 6-2 是英语元音的详细分类。

· 99 ·

表 6-2 英语元音音标

单元音		双元音
前元音 /i: /, /ɪ/, /e/, /æ/		/eɪ/, /aɪ/, /əʊ/, /aʊ/, /ɔɪ/, /ɪə/, /eə/, /ʊə/
中元音 /ɜ: /, /ə/, /ʌ/		
后元音 /ɑ: /, /ɔ: /, /ɒ/, /u: /, /ʊ/		

（资料来源：朱鑫茂，2003）

实际上，早在 1888 年，国际语音学会（International Phonetic Association，IPA）就拟订了一套记音符号，基本用的都是拉丁语的印刷体小写字母，加上大写、草体、合体、倒排、变形、加符等方式进行补充。在国际音标中，每个符号都表示一定的读音，每个民族语言均可以用它记录本民族语言中的音素，必要时可以增补音标，以便表示本民族中特有的音素。国际音标的数量庞大，直到今天还在不断增加，各个民族语言中使用的仅是其中的一部分。

1990 年，国际音标学会已经制订了如下主要元音，如图 6-1 所示。

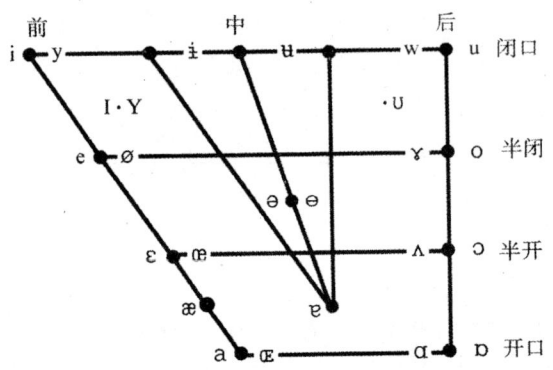

图 6-1 主要元音（截至 1990 年）

（说明：图中发音点，左边的音标代表扁唇元音，右边的为圆唇音）

（资料来源：朱鑫茂，2003）

为了更好地理解这些元音，请看图 6-2 至 6-9 几个示意图。

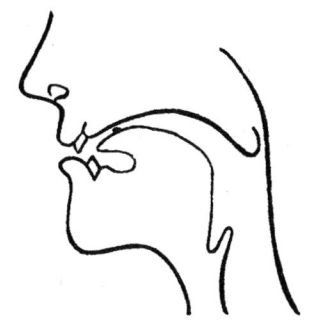

图 6-2 音标元音 /ɪ/ 的舌位图

（资料来源：朱鑫茂，2003）

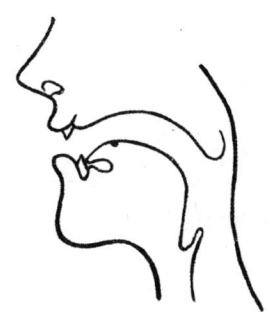

图 6-3 音标元音 /ʌ/ 的舌位图

（资料来源：朱鑫茂，2003）

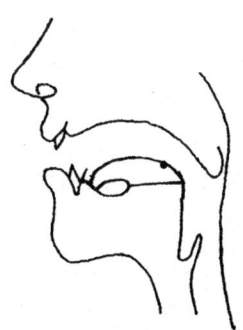

图 6-4 音标元音 /ɒ/ 的舌位图

（资料来源：朱鑫茂，2003）

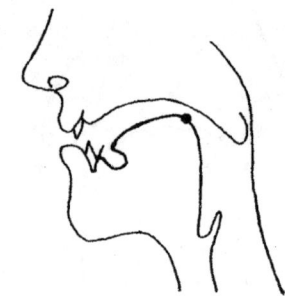

图 6-5　音标元音 /ʊ/ 的舌位图

（资料来源：朱鑫茂，2003）

在上述四个图中，圆点"·"分别表示四个不圆唇元音舌位最高点。这四个点可以连成一个近似菱形的图（图 6-6），其显示了人们在发音时舌位最高点所能达到的最前最高、最前最低、最后最高以及最后最低的四个极限。为了方便起见，语音学家们将这个图样画成一个上长下短的直角梯形（图 6-7）。该梯形有着无穷的魅力，几乎所有语言的所有元音均能在其中找到适合自己的精确位置。

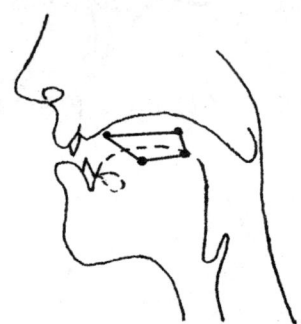

图 6-6　四个圆点连成的图

（资料来源：朱鑫茂，2003）

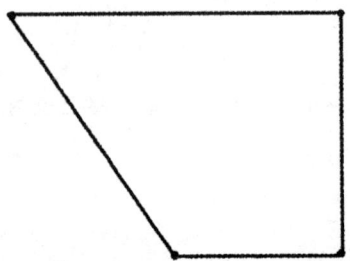

图 6-7　发音时舌位高低的四个极限

（资料来源：朱鑫茂，2003）

为了便于语音教学与研究工作的开展,一些语音学家将舌高点的位置分为四等,分别是闭口(即舌位高)、半闭(舌位半高)、半开(舌位半低)和开口(舌位低),如图6-8所示。舌位在高低上被划分为四个等级,在前后方向还分为三个等级,分别为前、中、后,如图6-9所示。

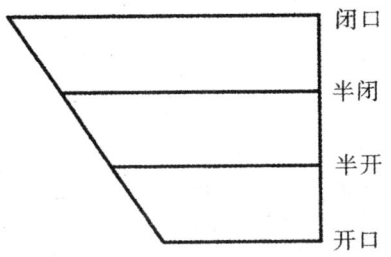

图6-8 舌高点的四个等级

(资料来源:朱鑫茂,2003)

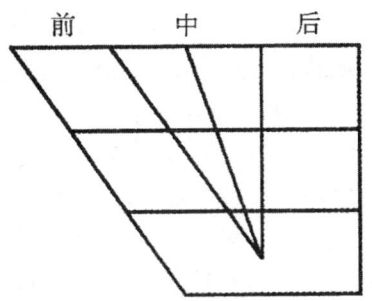

图6-9 舌前后的三个等级

(资料来源:朱鑫茂,2003)

只有清楚了辅音与元音,才能更好地学好语音。

(二)大学英语语音教学的问题分析

1.教师教学中的问题

(1)教师自身发音不标准

学生的发音情况往往是由教师的发音情况决定的。学生学习语音无非从两种途径获得:一种途径是对教师发音的模仿,即教师如何发音,学生就会模仿教师进行发音;另一种途径是通过多媒体,一般情况下多媒体发出的声音都是标准的英音或者美音,学生听其发音,可以有效纠正自身的发音情况。但是,在语音课堂上,教师很少使用多媒体,因此不利于学生语音、语调的纠正，也不利于激发学生学习的兴趣和积极性。

（2）教师的语音意识淡薄

学生对语音学习的兴趣本身就薄弱，但是面对学生这一情况，很多教师并未采取有效的措施加以改进，而是认为这种状态会对教学产生影响，因此会减少语音教学的时间，甚至放弃语音教学。可见，教师的语音意识存在明显的薄弱情况。

2.学生学习中的问题

（1）受到母语干扰

由于英汉语属于不同的语系，加上中国地域辽阔，方言众多，导致音系差别也非常明显。具体来说，表现在如下几点。

第一，英汉语发音的音调不同，汉语是依靠声调来辨别的，英语是依靠语调来辨别的。

第二，英汉语发音的节奏不同，汉语是依靠音节来发音的，英语是依靠重音来发音的。

第三，英汉语的重音不同，汉语不存在重音结构，而英语中存在。

很多学生受音调、节奏等差异的影响，导致发音非常困难，学生很难辨别相似或者相近的发音。可见，母语对英语发音的干扰是显而易见的，这不仅让学生学习遇到挫折，还让学生丧失学习的兴趣和积极性。

（2）学生语调和节奏把握不准

一般来说，学生的语音学习往往是按照发音规律来拼读单词的，对语音进行操练，而对句子、语篇的语音、语调操练很少，导致学生习惯于背诵，但是不擅长进行朗读。同时，即便进行朗读，学生的语调也是非常单一的，只能达意却很难表情，谈不上有节奏与韵律，这样就很容易让学生逐渐失去学习的兴趣。

二、"互联网＋"背景下大学英语语音教学策略的创新优化

（一）听音模仿

听和模仿是语音系统学习的主要途径。学生语音学习的好与坏主要取决于其听准教师的发音能力和准确模仿教师语音的技能。教师应充分利用学生的这一特点，先让学生认真观察教师发音时的口型，听清、听准、听完整再开口。如果必要，教师要配合讲解发音要领和方法，使学生在理解的基础上模仿。比如，在讲解英语音标时，教师可以让学生对照口腔发

音部位图熟悉各发音器官,然后教师示范发音,要求学生仔细观察教师发音时的口形,注意嘴唇的开合过程,再调动有关发音器官反复模仿练习,必要时可让学生对着镜子练习。在互联网时代,很多时候教师没有充足的时间在课堂上传授给学生所有的发音知识,这时候教师可以录成发音视频,让学生对照教师的发音视频来进行重复学习,久而久之,学生就能准确掌握发音,当然也可以对课堂上教师教授的内容进行复习。

除让学生模仿教师的语音、语调外,在"互联网+"背景下,教师也可以指导学生听英语本族人录制的唱片等,并且在听的过程中帮助学生解决听力理解上的困难。除单音模仿之外,教师也要注意学生语音的重音模仿、基本节奏模仿、语速模仿、情感模仿、情景模仿等,从而提高整个语音水平。

（二）拼读训练

语音拼读即要求学生掌握英文字母在单词中的发音并正确读出。通过互联网,教师在组织拼读训练时,要先从学生熟悉的开始。拼读时应从元音字母和元音音素开始。这种练习更适合元音后面发音相同的单词。拼读训练一般先从单音节词开始,之后拼读双音节词和多音节词。在拼读双音节或多音节词的时候,教师应提醒学生注意重音。学生有了拼读能力就能够根据音标正确读出单词的发音,这种能力的培养要靠长期的训练。

（三）对比训练

在学习英语时,学生会不可避免地受到本族语的负迁移。例如,对英语中的双元音和汉语复韵母的发音,有的学生混淆不清,对此,教师要帮助学生找出英汉两种语言发音之间的联系,然后加强练习,加深理解,巩固记忆。利用英语发音中的最小对立体,也可以较好地训练学生的发音。

最小对立体指一对只有一个音位不同且意义有别的单词。在语音教学阶段这种方法能够有效地训练学生的听音、读音、辩音和辩义的能力,也有利于学生较快、较多、较牢固地掌握语音及分辨其词义。在互联网下的语音教学中,教师也应该展开对比训练,让学生通过对比更好地掌握英语发音。

第二节 "互联网＋"背景下大学英语词汇教学的创新优化

构成英语语言的三个基本要素包括语音、语法和词汇。其中,词汇是语音和语法的载体,是构成语言大厦的建筑材料。对于外语学习来说,如果词汇量不足,将难以有效地进行听、说、读、写、译,交际也就无从说起,因此掌握足够的词汇是成功运用外语的关键。为了显著提高大学英语词汇教学质量,有效扩大学生的词汇量,在具体的词汇教学中,教师可以合理使用现代教育技术。

一、大学英语词汇教学简述

(一)词汇的内涵

在进行英语词汇教学之前,教师有必要让学生明白什么是词汇。对于这一问题,《辞海》的解释是:"词是语言组织中的基本单位,能独立运用,具有声音、意义和语法功能。词汇指一种语言中所有词的总和,也指某一范围内所使用的词的总和。"

《朗文当代高级英语辞典》对"词汇"的定义为:"all the words that someone knows, learns, or uses"(某人知道、学过或使用的词的总和)。

《牛津高阶英汉双解词典》(*Oxford Advanced Learner's English-Chinese Dictionary*)对 vocabulary 的解释是:"total number of words that make up a language"(一种语言全部的单词)。

我国学者陆国强指出,词是语音、意义和语法特点三者相统一的整体,是语句的基本单位,而词的总和构成了词汇。

胡春洞(1990)认为,词汇是语言的建筑材料。这不仅说明词汇是语言的基础,也说明词汇不是孤立的,而是与语音、语法、句型等相结合,同时说明词汇在听、说、读、写中有所体现。

综合上述定义可知,词汇是一个集合概念,不仅包括词,还包括词组。词汇不仅可以指某一语言中的全部词和固定词组,还可以指具体的某个词或固定组词,又可以指某一类别或某一范围的词语。

（二）大学英语词汇教学的问题分析

1. 教学方式陈旧

不可否认,在英语词汇学习过程中,记忆的作用是十分显著的。但是记忆词汇是非常枯燥的,很多学生都对此缺乏兴趣,这就需要教师来缓解这种枯燥,即灵活采用多样化的教学方法来营造轻松的课堂氛围,激发学生积极学习。但是,在现在的大学英语词汇教学中,教师依然采用传统的教学方式,即教师带领学生读,讲解重点词汇用法,学生记忆单词。这种单一、乏味的教学方式使学生始终处于被动的学习状态,而且也不能有效调动学生的积极性,甚至会引发学生的抵触情绪,那么提高词汇教学效率自然也就无从谈起。

2. 忽视学生的主体地位

现代教学理念强调以学生为中心,要突出学生的主体地位,同时要求教师要积极转变角色,由课堂教学的主体转变为学生学习的引导者,充分发挥主导作用。但现实情况是,这种教学思想并没有得到落实,在英语词汇教学中,学生的主体性仍常常被忽视。在大学英语词汇教学中,教师应加强对学生词汇运用能力的培养和智力的开发,应重点培养学生的记忆力、观察力、想象力、思维能力以及创造能力,但这些并不是教师关注的重点,他们往往只关注自己的教学结果,忽略学生的学习情况。在具体的教学中,教师常向学生大量灌输词汇含义、词汇规律、词汇搭配等知识,而忽视了学生的感受,没有考虑学生是否感兴趣、是否需要,更没有顾及学生的接收效果。实际上,经过多年学习之后,学生已经掌握了一定量的词汇内容,也拥有了对词汇规律进行归纳和总结的能力,此时教师应将主动权交给学生,积极引导学生独立进行思考和归纳词汇规律,教会学生如何学习词汇。

二、"互联网＋"背景下大学英语词汇教学策略的创新优化

在现代化教育背景下,教师可充分利用先进的互联网技术进行词汇教学,这样可突破传统教学模式的弊端,更新传统的教学理念,改革传统的教学方法,提高教学的效果。具体而言,基于互联网技术的大学英语词汇教学可采用以下几种方法。

（一）利用语料库展开词汇教学

1. 使学生在语境中掌握词汇具体用法

在词汇学习中，将其放在具体语境中，往往能起到事半功倍的效果。在英语语料库中，有大量和语境相关的实例，具体的实例主要是通过数据的方式呈现在学生面前。在语境中，学生的注意力能够被有效吸引，使学习的词汇知识得到强化，同时也能对相关使用规律进行总结。在语料库中，学生能了解使用频率较高的一些词汇，加强对词汇具体结构的了解，深化对语言现象的认识，实现对出现频率较高的单词的巩固与理解。就outline 这个单词来讲，在教材中只是标注其主要意思是"概要、轮廓、外形"，而在实际教学中，教师可以在语料库中进行检索。通过检索的方式，学生不仅能够了解具体的用法，还能了解相应的使用频率。进而，学生认识到这个词不仅能够当作名词使用，也能当作动词使用。而在实际教学中，教师可以用演示的方式实施，进而使学生了解主要使用方式，使学生在学习中的自主学习能力得到加强。

2. 对近义词以及同义词进行检索

由于英语是一门非母语学科，因此学生在学习近义词的过程中存在较大难度。语料库在大学英语词汇教学中的使用，能够使学生在检索过程中获得相应的参考，然后在此基础上进行细致大量的分析，如 destroy和 damage 是两个近义词，那么在实际教学中，就可以在检索栏中将这两个单词输入进去，然后学生会在实际阅读中进行具体分析。同时在学习完这两个词之后，学生也可以将自己在日常生活中遇到的近义词、同义词进行搜索，通过使用这种方式，方便了学生在学习中进行自主对比，使学生的自主学习意识和自主学习能力都能得到增强。

3. 在检索过程中了解不同词汇搭配

词汇搭配的概念提出已久，并且随着社会的不断发展，受重视程度越来越高，词语搭配考查了词项目贡献，也考查了相应的语法结构以及框架。有相关学者认为词的搭配、语义选择、语义韵以及类连接之间存在紧密联系，它们实现了对词汇组合以及词义的表达，而比较普遍的则是动词与名词之间的搭配。例如，想要了解 trend 这个词时，可以在语料库中进行检索，如 short term trend, development trend, trend up 等，除了这些搭配用法之外，实际上 trend 还有很多用法。这种学习方式的使用，能够使学生在学习中对词汇搭配内容有更深入的认识与了解，同时在实际学习中也可以将查找的内容和自己已知内容进行对比,找出二者之间的差异,进而在实际学习中更有针对性。

4.进行词汇的复习与巩固

英语语料库在英语词汇教学中的使用,除了能够为学生构建情境,了解近义词、同义词的相关知识,认识词汇搭配,教师也可以利用这种方式,帮助学生进行词汇的巩固。在巩固的过程中,练习的方式可以是填空题、选择题,也可以是匹配题。在实际教学中,教师可以将检索出来的内容进行隐藏,然后让学生根据上下文进行猜测与分析,并且在教师挡住的部分,填入适当的内容,而在选择语料库时,教师需要以不同的学习内容为依据进行选择。

在语料库中,学生可以实现对词汇学习内容的拓展,英语语料库中有大量的内容,能够成为学生在学习中的素材,学生可以根据自己的实际学习能力和情况进行选择,学习的范围便不再局限在教材中,进而使学生学习到的知识能够有更强的实用性,实现对英语词汇的有效巩固。同时这种方式的使用在一定程度上响应国家号召,加强了对互联网技术的使用,促进了对学生学习能力的培养,使学生在实际学习中能逐渐形成良好的学习习惯,实现英语综合学习水平的提升。

（二）讲授词汇记忆方法

词汇的记忆和积累对于词汇的掌握和运用至关重要,所以在英语词汇教学中,教师可根据词汇学理论教授记忆词汇的方法。具体而言,教师可向学生介绍以下几种记忆词汇的方法。

1.归类记忆

（1）按词根、词缀归类

在词汇学习过程中,记忆词汇是非常枯燥的一件事情,但通过词根、前缀和后缀来记忆可有效提高记忆效率,进而逐渐扩大词汇量,而且也能降低词汇记忆的枯燥感。例如:

re-（表示"再、复"）: react（反作用）,rebuild（重建）,reconsider（重新考虑）,reaffirm（重申）。

sub-（表示"下、次、分"）: subnormal（低于正常的）,subway（地下铁道）,subheading（小标题）,submarine（潜艇）。

（2）按题材归类

日常交际中的话题非常多,针对某一话题,教师可将与这一话题相关的词汇进行归类教授,这样可使学生的词汇学习形成系统,有一个系统的记忆,如图 6-10 所示。

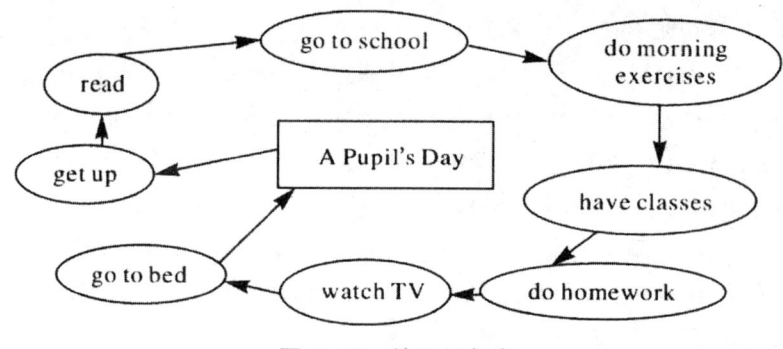

图 6-10 按题材归类

（资料来源:林新事,2008 ）

通过图 6-10 可以看出,与"A Pupil's Day"这一话题相关的单词有很多,这样记忆更加系统,而且更加有效。

2. 联想记忆

联想记忆就是以某一词为中心,联想出与之相关的尽量多的词汇,这样不仅可以有效记忆词汇,而且可以培养发散思维,如图 6-11 所示。

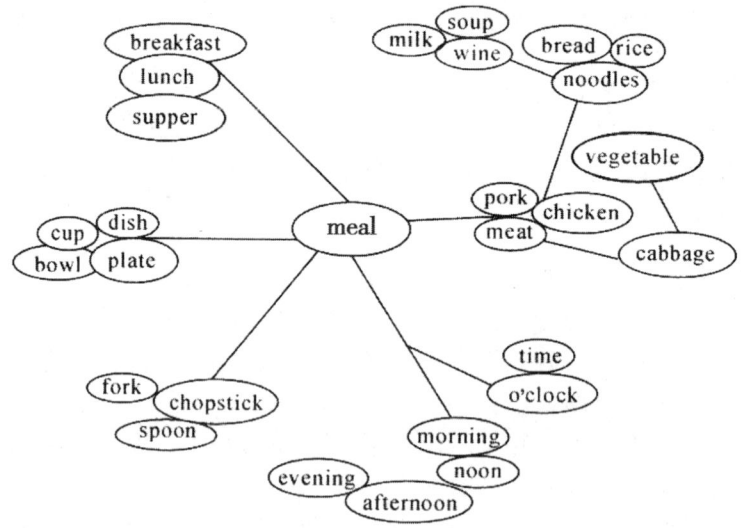

图 6-11 meal 的词汇联想

（资料来源:何少庆,2010 ）

通过图 6-11 可以看出,通过单词 meal 可以联想到与之相关的众多词汇,这不仅能提高记忆的效率,扩大词汇量,还能拓展思维能力。

3. 阅读记忆

通过阅读来学习词汇,不仅能有效记忆词汇,而且能加深对词汇的理解,掌握词汇在具体语境中的运用情况。阅读有精读和泛读之分,通过精读可以进行有意识的记忆,通过泛读可以进行无意识的记忆,在泛读中又可以巩固精读中所学的词汇。在具体的教学过程中,教师可引导学生将精读与泛读结合起来,从而加深学生对词汇的记忆,提高学生的词汇运用能力。

第三节 "互联网+"背景下大学英语语法教学的创新优化

语法是语言使用规律的综合,是语言的基本框架,它赋予语言以结构形式。虽然大学生已经学了多年英语,对语法知识也有一定的掌握,但语法教学仍应该是大学英语教学的重要内容。受传统教学理念的影响,现在的大学英语语法教学仍然存在诸多问题,如教学方法模式陈旧、教学方法缺乏创新性等,这些都影响着英语语法教学质量的提高。基于先进互联网技术的网络多媒体教学集文字、声音、图形、图像于一体,具有生动、形象等特征,能够为教学提供真实的语言环境,将其运用于英语语法教学中,能有效改善英语语法教学的现状,提高英语语法教学的效率,为英语语法教学注入新的活力。

一、大学英语语法教学简述

(一)语法的内涵

关于语法的定义,不同的学者给出了不同的解释。

威多森(Widdowson,1992)认为,词汇的变化规则和用词造句规则系统的总称构成了语法。

乌尔(Ur)认为:"语法大体指语言组合词语使之成为更大意义单元的方式。"

尤尔(George Yule,2002)认为:"语法是一套结构,其中语法形式上的不同可以通过意义上的不同或根据其所在的上下文来解释。当使用者掌握了一套语法结构系统时,在其分析框架里意义、形式和用法就被看作不可分割的三个方面。"

许国璋先生（1986）指出，语法是制约句子中词与词之间关系的准则，某一语言的语法是该语言中所有准则的总和，在语法的制约下，词组成能够被语言社团所接受的句子。

胡壮麟（2000）指出："如果语言教育的目的包括教会学生正确地、有意地和得当地使用英语，我们就应该把语法看作一个理性的动态系统，而不是任意规列的静态系统。"

综合上述定义可以看出，语法是语言的组织规律，是人们据以组词成句、赋予语言意义并使用语言进行交际的一套规则。可见，语法是语言交际的重要规则，对交际起着重要的作用。

（二）大学英语语法教学问题分析

目前，大学英语语法教学的现状不佳，还存在许多的问题亟待解决，这些问题主要体现在以下几个方面。

1. 对语法重视不够

在英语学习中，语法所发挥的作用是十分显著的，但在实际的教学过程中，很多教师都忽视了语法的重要性，认为没有必要教授语法，从而"淡化"语法教学，轻视语法的重要性。实际上，尽管学生已经学了多年英语，但学习时间的长短并不代表学习结果的好坏。此外，虽然英语考试中没有直接针对英语语法的题目，但任何句子的分析都离不开语法，尤其是在阅读中，语法贯穿于英语考试的始终，在考试中占据着很大的分值。所以，教师应转变教学思想，重视语法教学，并引导学生积极主动地学习语法知识。

2. 教学方式单一

很多学生对语法学习缺乏兴趣，这是因为学习语法本身是一个相当枯燥的过程。要改善这种情况，就需要教师采用创新性的教学方式，使枯燥的语法学习变得生动有趣。然而，在实际的英语语法教学中，大部分教师仍采用传统的教学方式，即先讲解语法概念和规则，然后做相应的练习。在这样的教学模式中，教师占据着主体地位，学生只能被动地接受，这不仅不符合现代教育的思想，也无法激发学生的积极性，更不能有效培养学生的语法能力。

3. 忽视语言情景

我国学生的语法学习是在汉语环境下进行的，学生很少有机会接触地道的英语情景。但语法学习是服务于实际交际的,主要目的是应用于实际的生活中解决语言的交际问题。但我国英语教学的一个显著问题就是教师在教学中将具体的语法知识条目的、意义、理解以及功能运用与语境割裂开来,使学生难以准确理解某个语法知识点适用于哪种语言情景,这样不仅不能使学生有效掌握语法,而且会使学生无法有效运用语法。

二、"互联网+"背景下大学英语语法教学策略的创新优化

在信息化教育模式下,教师应充分利用网络、多媒体等先进的教学技术,采用新颖的教学方法,从而改善英语语法教学的现状,提高英语语法教学的质量。具体而言,在大学英语语法教学中,教师可融合互联网技术采用以下几种方法开展教学。

（一）翻转课堂教学法

翻转课堂是一种有效的教学模式,它的理念与英语语法教学相契合,而且能有效改善英语语法教学的现状,提高英语语法教学的效果。

具体而言,英语语法翻译课堂教学流程主要包含六个阶段:教师课前准备阶段、学生课前学习阶段、教师与学生课前互动阶段、学生课堂检测阶段、学生知识内化阶段和学生知识巩固阶段,如图6-12所示。教师可根据这一流程来开展语法教学。

（二）三维教学法

一直以来,英语教师都倾向于两种教学方法:一种是注重语言形式或语言分析的教学方法,另一种是注重语言运用的教学方法。这两种方法各有侧重,但实践证明,将两种方法结合起来才会更加有效。从交际角度而言,语法不仅是各种形式的集合,语法结构也不仅有句法的形式,也可以运用具体的语言环境来表达语义,可以将这三个方面表述为形式、意义和用法。美国语法专家拉森·弗里曼（Larsen Freeman,1995）提出了基于 From,Meaning,Using 三个维度上的三维教学法,将语言的形式意义和用法有机结合起来,具体模式如图6-13所示。

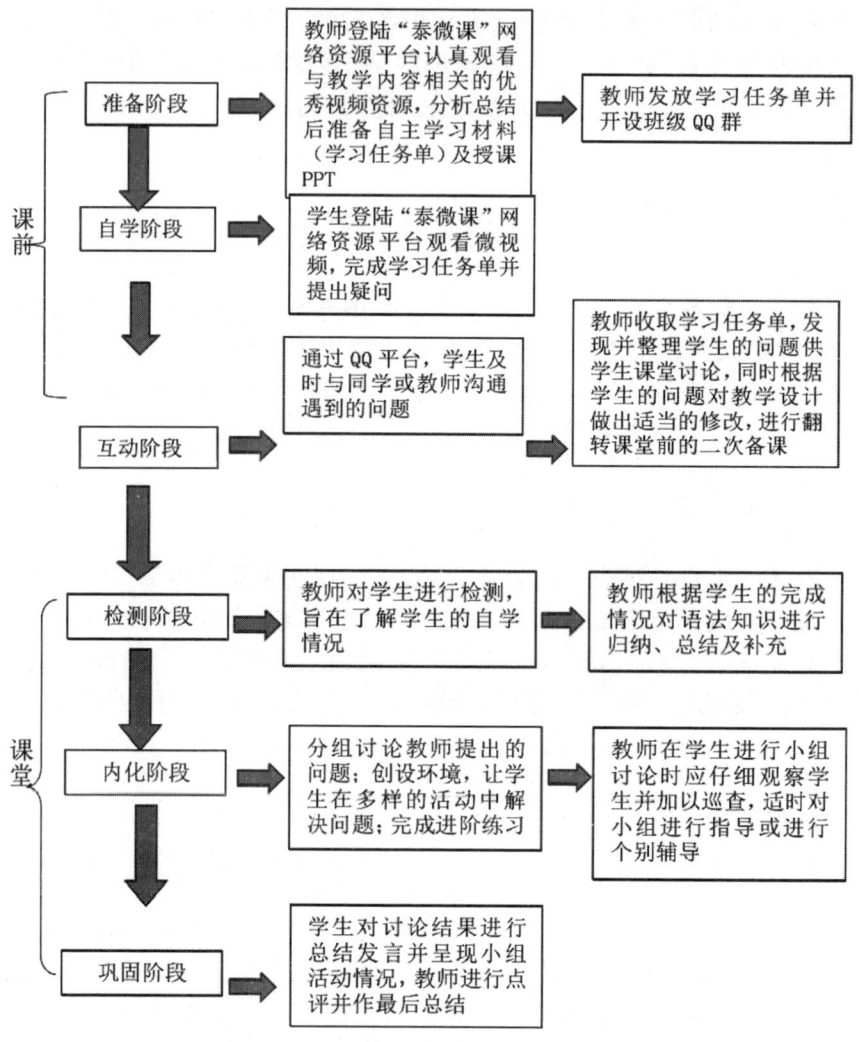

图 6-12 英语语法翻转课堂教学流程

（资料来源：毛婷婷，2017）

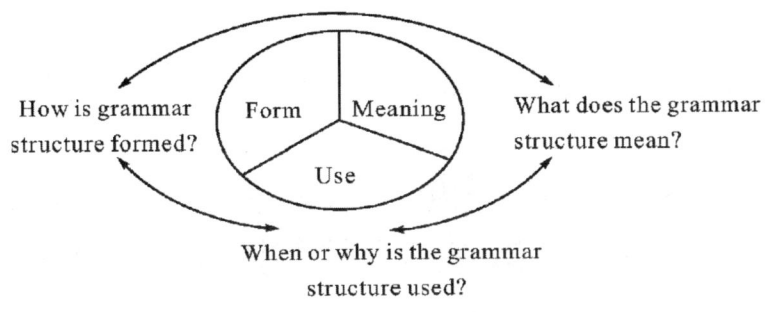

图 6-13　三维语法教学观

（资料来源：邓道宣、江世勇，2018）

　　三维教学法的实施包含五个步骤：热身运动、发现语法、学习形式、理解意义、应用语法。

　　热身运动是对上一课堂要点的复习，然后通过一些参与性活动，如听歌、表演、竞赛等形式，让学生对新的内容有所了解，调动学生的背景知识，激发学生的求知欲望。

　　发现语法是指学生通过教师讲解和引导，再感知和发现语法现象。

　　学习形式是指学生在发现语法的基础上，以语法结构的形式总结出语法规则。在课堂教学中，这部分内容表现为回归课文阅读文章，通过阅读文章找出类似的形式和结构。这一阶段过后，学生能够为下一步理解、操练规则做好准备。

　　理解意义是指设计以意义理解为主的活动，从而促进学生对语法项目的理解，为语法的应用奠定基础。

　　应用语法是指教师为帮助学生掌握语法规则、提高其语法应用能力所设计的篇意识强、交际性好、能够帮助思维发展的活动或任务。

　　在具体的教学过程中，教师可以根据具体的教学情况对上述几个步骤进行调整。

第七章 "互联网+"背景下大学英语基本技能教学的创新优化

在改革开放政策的推动下,我国与世界上其他国家之间的沟通与往来日益密切,因此国内对精通专业知识的英语人才就有着很大的需求量,这就明显突出英语教学的重要性了。在"互联网+"背景下,英语教学的终极目标是培养学生的语言综合运用能力。我国大学英语教学改革在不断推进,英语技能教学的重要性已经逐步彰显。的确,在英语技能教学中,听、说、读、写、译的教学都不容忽视。为此,本章就来详细研究"互联网+"背景下大学英语基本技能教学的创新优化。

第一节 "互联网+"背景下大学英语听力教学的创新优化

听力不仅是重要的语言输入技能,也是交际的重要方式,更是英语教学中不可或缺的一部分。提高学生的听力能力是大学英语听力教学的重要目标,但其最终目标是培养学生的跨文化交际能力,即运用听力能力进行交际活动。

一、大学英语听力教学简述

（一）"听"的内涵

在学者罗宾（Rubin,1995）看来,"听是一个包含主观能动性的过程,它涉及听者信号的主动选择,然后对信息进行编码加工,从而确定正在发生的事情以及发话人想要表达的意图"①。

---

① Rubin, J. An Overview to "A Guide for the Teaching of Second Language Listening" [A]. *A Guide for the Teaching of Second Language Listening*[C]. D. Mendelsohn & J. Rubin. San Diego, CA: Dominie Press, 1995: 7.

理查兹和施密特（Richards & Schmidt, 2002）对"听力理解"进行了专门的探讨，他们认为，"听力理解涉及的对象是第一语言和第二语言，所要做的事情就是弄懂这两种语言。但是，对这两种语言的理解是有本质区别的。其中，对第二语言的听力理解比较关注语言的结构层面、语境、话题本身以及听者本身的预期"①。

著名学者林奇和门德尔松（Lynch & Mendelssohn）特别指出了"听"和"说"的内在联系，他们认为要想成功地"听"，还必须在"说"上下功夫，但是"听"同时受到其他声音信息和画面信息的影响，这就要求听者在已有经验的基础上根据语境来对话语进行准确的把握。另外，"听"不是单一的，是一种连续不断的处理过程，包含以下部分。

（1）如何将语音进行划分。

（2）如何对语调形成一种认识。

（3）如何对句法进行详细的解读。

（4）如何把握语境。

大多数时候，上述过程是在人们的无意识中悄悄进行的。

此外，两位学者还就"听"和"读"的联系与区别进行了阐释，并认为与"读"相比"听"的作用更加显著，具体包含以下几点。

（1）让人感受到一种韵律的美。

（2）让人产生一种追逐速度的急切心理。

（3）对信息的加工和反馈都在最短的时间内完成。

（4）耗时较短，通常不会重复进行。

"听"与"读"都是一种对信息的输入，但是在大学英语听力教学中教师绝对不能将"听"看作阅读的声音版，而应该认真研究"听"的本质属性，并据此去组织教学，从而帮助学生获得一定的听力技能。

（二）大学英语听力教学的问题分析

1. 听力教学内容匮乏

目前，听力教学主要的依据还是教材，教材的内容相当有限，而且有的教材内容并不先进，这就使得听力教学的质量大打折扣。何况现在是一个互联网时代，知识更新速度快，信息传播无边界，学生希望从这个包容的世界里获得更多信息。仅靠教材上的内容，显然难以抓住学生的注

---

① Richards, J. C. & R. Schmidt. *Longman Dictionary of Language Teaching and Applied Linguistics*[M]. London, UK: Longman, 2002: 313.

意力。

2. 听力教学评价体系有失公平

学校对学生评价的依据主要是学生的平时成绩和期末考试成绩,其中期末考试成绩占据的比例还是要大一些,平时成绩相当于一种装饰。其实这种做法有待改进,只有将平时成绩的比重提上来,学生的活力和热情才能更好地被激发出来。

3. 听力教学目标和模式单一

在应试教育居高不下的情况下,一切课程的学习似乎都是为了在考试中有好的表现。听力课被安排的课时本来就很有限,在这样的教学目标的指引下,听力教学沦落为题海战术,让学生感觉乏味。

4. 大班授课制有缺陷

由于高校里英语教师的配置有限,因此像英语这种课程基本还是沿袭大班授课制,这就无法实施个性化教学了。

二、"互联网 +"背景下大学英语听力教学策略的创新优化

(一)听英语通知

通知是我们日常生活中极为常见的,不管是火车站还是飞机场,总会听到各种通知。随着人们生活水平的提高,以及出国学习机会的增多,我们在前往国外或在国外生活总要面对各种英语通知,所以能听懂英文通知对我们来说非常重要。在英语听力教学中,教师可以利用多媒体、微视频、手机等媒介播放一些英文通知给学生听,并要求其注意其中的细节信息。

(二)听英文影视作品

如今,很多人在闲暇时光都会看场电影或看几集电视剧消磨时间,尤其是一些经典的英文电影、电视剧深受广大观众的喜爱。教师在听力教学中,就可以利用现在先进的信息技术为学生推荐一些英文影视作品,鼓励其看英文字幕的影片,这样通过视觉、听觉的刺激,可以有效提高听力水平。

第二节　"互联网＋"背景下大学英语口语教学的创新优化

一、大学英语口语教学简述

（一）口语的内涵

口语作为一种日常交流与沟通的重要工具,在英语教学领域是非常重要的。口语这一技能并不单纯具体,其与其他技能往往具有交叉、重叠的关系。在英语教学过程中,口语教学很难与其他技能区分开来展开。简言之,英语教师在进行口语教学的过程中,往往也会涉及其他教学技能的掌握。

对于学习英语口语的学生而言,他们想要使用英语进行口语表达,首先就需要掌握一些英语的基础知识,如英语的节奏感、语音、语调、元音、辅音等,同时还需要掌握一些会话的技巧,如在交际过程中如何礼貌打断他人、如何有礼貌的回复他人等。可见,英语口语能力的提升并不是一件容易的事情,学生除了要掌握发音,还要掌握这门语言的功能。另外,个体想要掌握一门语言,不仅要学会发音,而且还需要把握这门语言的其他方面的知识内容,如这门语言背后的社会习俗、文化背景、交际方式、社会礼仪等。可见,语言交际看似简单,其实相当复杂,是上述所有内容的一种综合体现。

人们对口语能力这一概念的理解往往不同,不同的理解通常会带来不同的教学效果。英语作为一门语言,是随着社会的发展而发展的,其学习理念同样也会逐渐变化。在以前,人们认为英语教学的理念就是发展学生的语言能力,让学生掌握基本的语音、词汇、语法、句法,学生只要对这些知识有了充分的掌握,就会自觉学会运用,流利的使用这门语言进行沟通与交流。然而,现实情况往往与人们想当然的局面大相径庭,而这种理念引导下的教学结果的弊端也越来越大。

20世纪70—80年代,西方国家涌现出大量的移民,在美国、新西兰、加拿大等国家都是如此,在这一现状的影响下,语言学领域的研究者以及作为一线工作者的教师对语言学习的传统模式有了很大的意见,他们的理念开始发生转变。这些人认为,学生只掌握语言的语音、词汇、语法等知识并不能真正地学会英语,更不意味着可以流利地开口讲英语,甚至不能利用自己所学的这门语言在社会上谋生。

随后,学者以及教师开始将英语语言能力看作交际能力的一个组成部分。有的学者认为,交际能力是语言学习者与他人利用语言这门工具所进行的信息互动,进而生成一种有意义的能力,这种能力区别于做语法、词汇知识选择题的能力。然而,学习者如果想要获取更加高级的交际能力,就必须对所使用语言的社会环境、文化环境有一定的了解。社会语言能力往往指的是使用语言的人在不同的场合与环境中运用语言的能力,这一能力涉及的层面如下所示。

(1)语域,即正式语言或非正式语言的使用。

(2)用词是否恰当。

(3)语体变换与礼貌策略等。

(二)大学英语口语教学的问题分析

1.口语教学时间有限

在英语教学的过程中,英语教师将课堂上的大部分时间都用在了讲解单词、句法、阅读上,给予学生练习口语的时间是极其有限的。口语学习并不是一蹴而就的,是一个长期训练的结果,口语能力的提高也是一个循序渐进的过程。由于一些教师与学生并不能认识到口语的重要性,导致英语口语教学并不能真正独立出来,仅能作为整体英语教学的一部分而存在。整体英语教学的时间是有限的,所以能够分配给口语教学的时间更少,口语教学的效果自然不能称心如意了。

2.对口语能力重视不够

随着时代的发展,越来越多的教师与学生都已经了解到英语口语的重要性了。话虽如此,但在实际的教学过程中,教师以及学生对英语口语的教学依然存在不够重视的情况。很多教师认为,学生学习英语只要能读、会写就可以,口语能力的提高相对比较困难,所以很多教师并不能认真对待,这些错误观念导致学生对英语口语的练习也不能给予足够重视,即便到毕业之后,很多学生的英语口语表达依然很拙劣。

3.学生压力大、不愿开口

对于大多数高校的大学生而言,由于英语基础、水平差异较大,另外还受到一些心理因素、生理因素、文化因素、家庭因素、情感因素等的影响,很多学生并不愿意在口语课堂上开口讲英语,怕被教师、同学笑话是这一现象的主要原因。

二、"互联网+"背景下大学英语口语教学策略的创新优化

（一）注重网络测试与实施人机对话训练

基于信息技术，大学英语口语教学可以让学生充分发挥自主学习能力，教师可以让学生利用信息技术进行自我口语水平的测试与评估、人机交互口语练习。另外，教师还可以利用信息技术批改学生的英语口语作业。教师还可以为学生布置英语口语方面的练习作业，让学生利用网络下载相关资料，展开自主练习。

（二）注重过程评价与教师科研相结合

众所周知，科研的进行主要是为了给教学提供更好的服务与指导，充分促进教学成果的提升。简单而言，教学与科研之间的关系是紧密的。在教学的具体过程中，教师可以根据评价结果以及教学过程中自己所发现的问题记录工作日志，在反思过程中改进教学方法，这不仅可以改善教学的效果，而且还可以大大提升教师自身的科研能力。

第三节 "互联网+"背景下大学英语阅读教学的创新优化

阅读能力对于每一个人而言都是至关重要的，因为一个人想要了解更多的知识，就需要通过阅读大量的书籍来实现。对于大学英语阅读教学而言，其重要性是不言而喻的。

阅读是学生学习英语时必需要掌握的一项技能，也是对学生英语水平进行衡量的一项重要指标。通过阅读，学生可以获得丰富的信息，拥有丰富的体验，感受语言带给自己的文化魅力。但是，阅读并不是简单地接收信息的过程，还是一种复杂的交际与思维活动，其不仅受到语言能力的影响，还会受到文化因素的影响。

一、大学英语阅读教学简述

(一)阅读的内涵

在语言学习过程中,阅读能力一直都发挥着重要的作用,因此很多国家都十分重视阅读。例如,美国做过"美国阅读动员报告",英国启动了"阅读是基础"运动,两国还投入了大量人力和财力来推动国民阅读能力的培养。在中国教育教学中,阅读能力也深受重视。关于阅读的定义,不同的学者发表了不同的看法。纳托尔(Christine Nuttall,2002)对阅读的理解总结为以下三组词。

(1)解码,破译,识别。

(2)发声,说话,读。

(3)理解,反应,意义。

"解码,破译,识别"这组词重点关注阅读理解的第一步,也是十分关键的一步,读者能否迅速识别词汇,对于阅读者而言有着重要的影响。"发声,说话,读"是对"朗读"这种基本阅读技能的诠释,这属于阅读的初级阶段。朗读是将书面语言有声化,在各种感官的共同作用下加快对阅读内容的理解,这有助于语感的培养。通常,随着阶段的提升,读的要求会从有声变为无声。"理解,反应,意义"强调阅读过程中意义的理解与交流。在这一过程中,读者不再是被动接受阅读材料中的信息,而是带着一定的目的,积极地运用阅读技巧去理解阅读材料的主要信息。

王笃勤(2003)指出,阅读是一项复杂的认知活动,是读者提取文本中的信息并与大脑中已有的知识结合,从而建构意义的过程。读者理解阅读文本的过程中主要涉及三种信息加工活动,分别是对句子层面、段落或命题层面、整体语篇结构的分析活动。

理查德(Richard,1998)认为,外语阅读是学生将自己的已有经验带进去的一种对文字的理解,另外学生还需要学习关于外语语言的基本知识、文化知识以及母语知识等。

斯波珀和威尔逊(Sperberb & Wilson,2001)将阅读看作作者和读者之间进行的一种心灵的交流,并且是主动获取信息的交流,在这一过程中,读者接受信息、认识世界,并获得审美体验。阅读文本在于找到满足关联条件的一种解释。有了阅读,读者才能获得有关作者的情感和思想的信息。阅读一部好的作品,可以使读者的视野得到开阔,使情感得以丰富,使人格得到提升。

由上述定义可以看出,很多学者都认为阅读涉及读者和阅读文本,并且认为阅读是这二者之间的交流互动。简单而言,阅读就是读者积极运用已经掌握的语言知识和背景知识等对语言材料进行处理,同时获取信息的过程。总而言之,阅读就是读者赏析、探究文章的一种行为活动,在这个过程中读者和作者可以形成思想上的默契。

在大学英语阅读教学中,学生不仅需要理解词汇、语法、句意,还要通过背景知识和已有经验不断地体会、领悟作者的写作意图和文章主旨。做到了这些,才算是掌握了文章的深层内涵,也就达到了阅读的最高境界。

(二)大学英语阅读教学的问题分析

英语阅读教学的地位在整个英语教学体系中举足轻重,是我国英语教学的重点和难点,并且依然存在着一些问题。

1. 学生方面

(1)英语阅读的动力不足

从中学进入大学后,学生摆脱了家长和教师的严格监督,因此大学的学习主要依靠自主性来推动。如果学习的自主性不强,学生就会浪费大把时间。另外,很多学生进入大学后一下子松懈了,错误地将考试当成唯一的学习目的,英语阅读的动力明显不足。如果阅读材料的篇幅过长,或者难度过大,学生就更加没有动力完成阅读了。

(2)词汇量和阅读量都小

篇章是由许多词汇构成的。显然,没有一定的词汇量,英语阅读是无法进行下去的。要想提高英语阅读能力,词汇量是基础,足够的阅读量是前提。在词汇量薄弱的情况下,扎实的阅读技巧是没有用武之地的,是无效的。进入大学以后,英语阅读所要求的词汇量相较于中学阶段有了大大的增长,并且同义词、近义词繁多,词义之间的区别和差异模糊、难以辨认,这给学生的学习增加了难度,对学生的目标要求也就不一样了。英语阅读综合能力的提高,需要学生在掌握充足词汇量的前提下进行大量的阅读。当然,词汇量和阅读也是相辅相成的,词汇量是通过阅读加以积累的,而词汇量又进一步推动着阅读的进行。

(3)文化背景知识的缺乏

英汉文化差异相信已经被教师提过很多次了,但是学生需要真正认识到英汉文化差异的具体方面和具体情况。原版的英语文章都是以西方文化为背景来进行写作的,中国读者在进行阅读的时候就得转换思维。中国读者需要具备充足的西方文化知识,这样才不会给阅读带来障碍。

但是,如果不了解西方文化,英语阅读可能就无法连贯地进行。例如:

The eagle always flew on Friday.

对于上述句子,如果仅看字面含义,学生可能会理解为"老鹰一般周五飞回来。"然而,如此理解显然是错误的。其实,eagle(老鹰)这一动物是美国国家的象征,美国的钱币上使用的就是老鹰的图案,所以上述句子的真正含义是"美国人总是在周五发工资"。由此可见,如果学生对文化背景知识缺乏了解,那么在阅读的过程中就会碰到类似上述的句子,在理解过程中自然就会出现纰漏,从而造成误读误解,这在一定程度上说明了熟知语言背后文化内涵信息的重要作用。

2.教师方面

(1)课堂上教学模式落后

在一些英语阅读课堂上,传统英语教学的影子还没有完全消失。虽然教育学界一些专家都在提倡先进的英语教育理念,但是真正让这些理念落地,还是困难重重。我们还是会在大学英语阅读教学课堂上看到这样的情景:教师在上面讲得津津乐道,学生在下面认真聆听,并且还做着笔记。教师在逐句讲解阅读文章里的新词汇、句型、语法等,然后分析文章里的问题,这样的英语阅读课有点变味了,倒像是一堂语法课。关键问题是学生还习惯了这样的教学模式,久而久之养成了被动的学习习惯,自己缺乏思考、缺乏实践。课堂缺乏互动,这样不仅减少了阅读兴趣,也无法真正提高学生的英语阅读能力。

(2)课外缺乏监督

大学的课时有限,因此很多的阅读主要是在课外完成的。虽然教师布置了课外作业,但是学生长期形成了依赖教师的思想,即如果教师不抽时间检查学生的课外作业,学生很可能就不会认真对待课外作业。课堂的阅读量是很小的,加上学生对待课外阅读不认真,这样就无法真正提高阅读能力。

二、"互联网+"背景下大学英语阅读教学策略的创新优化

将信息技术与大学英语阅读教学相融合,大学生可以利用信息技术搜索与学习自己喜欢的英语知识。但是,这并不意味着学生的网络搜索是漫无目的的,其中离不开教师的指导与引导。如果教师对学生的阅读学习不管不问,那么即便信息技术再发达,学生自身的阅读兴趣以及阅读能力也是很难有效提升的。因此,在大学英语阅读教学中融入信息技术

离不开教师的充分参与。具体而言,教师可以采用如下几种方式。

（一）发挥网络互动优势,激发学生的学习兴趣

教师可以利用信息技术为学生的英语阅读创建一个平台,让学生充分参与其中,利用这一平台来扩展自己的阅读能力。利用信息技术,教师可以为学生准备阅读的丰富资料,实现阅读资源共享。在教学过程中,教师可以依据教材中的内容为学生建立一个网络阅读资料库,将教材中阅读的重点、难点都上传到网络上,同时为学生补充适当的课外知识,以拓展学生的阅读视野。此外,为了避免学生在阅读学习中出现乏味情绪,教师还可以在学生阅读的资料中添加一些图片、视频、漫画、音乐等,在材料的格式、设计上也可以体现自己的特点,让学生爱上英语阅读。

（二）实施英语阅读混合式教学

1. 教学内容方面

如何设计有趣、吸引学生注意力的阅读课程？偏离常规的教学内容往往会在学生的心里占据突出位置,给他们留下较为深刻的印象。不少教师通过调查发现,超过80%的学生都不满意他们已有的阅读教材内容,很多教师也表示有类似的体会。如果让学生学习教材文本以外的知识,学生的兴趣度和掌握度都会大大提高。有趣且吸引学生的阅读课程首先应基于学生所处的环境与生活,或者说,学生所学课程的知识应具有一定的实用性。英语阅读教学中呈的知识也必须具有其校园价值和生活价值。因此,教师有必要为学生创设一些灵活的变式内容,真正做到学生"愿意学,有所学"。

从一定意义上讲,对当前教学内容的优化可通过在线学习平台,在培养学生人文素养的同时,大幅度加入学术和专业英语内容,探索以培养"专业型英语人才"为目标的教学创新改革方案。与专业有关的英语阅读课程既不是单纯的语言课,也不是单纯的专业课,而是一门将语言应用与专业知识紧密结合的课程。专业英语不仅涉及科技英语的一般特征,还涉及一定的专业内容及信息交流,二者相辅相成。专业英语有别于基础英语的最大不同之处是长句多,专业术语多。因此,教师应围绕专业交流的实际需要,要求学生掌握一定的专业英语词汇、语言特点,培养他们综合运用英语知识和专业知识解决具体问题的能力。

首先,教师根据自己所任教的班级专业,从国内外权威英文报刊选取

合适的专业阅读文本,作为课堂教学的延伸和拓展。例如,美国的《科学杂志》《经济学家》等报刊涵盖了最前沿的科技文章,综述和分析基于报刊阅读的学科动态有助于学生了解本学科领域内的专业前沿,拓宽学生的专业视野,同时提高英语学习的兴趣。有学者从以下三个维度剖析了新闻报刊的价值。

第一个维度是从报道事件本身来考察新闻的"新",如新闻中所涉及的人物以及他们对人们生活带来的影响。

第二个维度是参照新闻工作者对事件所持有的观点,新闻价值被视为某种认知,这种认知可以是新闻工作者的某种态度抑或是他们所参照的某种准则或规范。

第三个维度是剖析新闻形成过程中所涉及的各种材料,包括输入材料(新闻稿、其他相关网站、文本、图片、视频等)和输出材料(实际的新闻报道等)。

将这三个维度运用到阅读文本的价值衡量中,可做以下尝试。

参照第一维度,专业性的学术报道可让学生了解本专业的学术领军人物;参照第二维度,可设计诸如评析或质疑报道中某项内容或某个观点之类的任务,要求学生从各个层面对已有的内容或作者的观点进行佐证;参照第三维度,可让学生进一步搜索报道的相关材料,拓宽信息源,进一步挖掘主题内容。

当然,除了时效性很强的报刊材料,学生课后还可以从海量的在线资源中,随时进行英语阅读学习。例如,对于医学专业的学生,最后在撰写学术小论文时学会囊括以下方面:什么是医学、医学界的成就、医学基本原则、疾病的因与果、基本医学学科、公共卫生健康、医学界当前存在的问题、医学的未来发展趋势和前景等。

教师在设计具体的阅读教学内容时,可先训练学生的基础词汇解读能力,再逐渐过渡到话语分析、语法形式、体裁分析等较高要求的操练。其中,词汇层面的目标是让学生通过大量的文献阅读收集广泛出现于各个学科的学术性书面文字中、构成较高比例行文文字、在篇章的结构或修辞等方面起重要作用的学术词汇。对教学素材的深度分析,教师可考虑向学生展示专业阅读中的几种主要语言功能:下定义、解释、举例说明、描述、对照等。翻译层面的目标是让学生翻译国外新鲜出炉的与学生专业有关的科普文章或学术报道(以短篇为主),同时要会翻译学术文章的摘要。写作层面的目标是让学生撰写本专业领域内的学术文章,并能质疑已读文章中的作者观点。

当前的英语教师仍不可能也无法做到完全脱离教材进行教学。基于教材的通用英语教学,作为当前混合式教学模式下线上教学的主要内容,有必要进行某种程度的改进。很多学生认为,当前的教学视频中缺乏创新和趣味性,基本以词汇和语法讲解为主。

因此,教师在制作视频时,不妨以单元文章的语篇分析为切入点,分析教材文本中的语言偏离现象,增强学生对语言的敏感度和兴趣度。在视频制作时,可引入时事热点解析、报刊解读、名人名言的赏析等。

关于在线作业,教师可忽略阅读等应试性强的板块,增加字谜题、闯关题等多样化的作业形式。教师也可以考虑从学生出发,让学生制作基于教材的学习视频,再上传至网络教学平台,通过与同学、教师的互动,创建各种形式的教学内容。

2. 教学平台方面

混合式教学资源与平台建设可有效促进线上与线下学习的融合。然而,目前很多院校没有专门的混合式学习平台,很多只是在数字化资源的基础上改造而成,这使得线上课程与线下课程资源的整合缺乏全方位的技术支撑,导致教学效果不佳。当然,很多学校会使用适用性较强的专门网络课程平台,如 Moodle、Blackboard、泛雅等,这种专门的混合学习课程平台能最大限度地实现现有资源的有效使用。

随着科技的更新与发展,学习平台的搭建与应用也逐渐呈现多样化。例如,利用微博平台使用混合式的方式对高校英语专业学生进行授课;应用 Windows Live 群对学生的学习进行研究;对基于移动平台的混合式学习系统进行设计。近年来,基于微信公共平台的混合式学习研究也逐渐受到关注。这些新型的学习平台为学生创设了新型的混合式学习环境,使学生的混合式学习更加灵活化、多样化、生活化。

学生对当前的学习管理系统仍有很多的质疑。因此,为保证混合式阅读教学的质量,有必要为学生提供一个多元的混合式学习平台,克服已有学习平台的不足。多元化的混合式学习平台应根据学生的学习进度和特点,实现灵活的同步和异步学习。教师和学生也可自主开发异步学习的方式,如自建在线平台、微信、微博等互动性较强的在线辅助教学手段。

通过自建网平台,可实现"按需选择"的自主学习方式,克服了已有学习管理系统的一些不足和不便之处。针对英语阅读教学中专业英语与文化传授的缺乏而设计出的自主学习系列课件,将专业英语素养与文化素养培养相结合的方式,做到让不同专业的学生可以各取所需,点击自己喜欢的专业文章进行自主学习,克服了已有教学网络平台未从学生实际需要出发的弊端。

目前,学生在使用已有网络教学平台进行学习时,仍有不少问题,也就是说,学生对平台并未留下深刻印象。创建符合学生需求和特点的平台可加强学生对平台的信任度和使用度。

例如,为开展通识阅读,高职英语专业采用外语教学与研究出版社研发的爱洋葱双语阅读教学服务平台(以下简称平台)开展混合式阅读教学。该平台提供标注难度系数的分级原版阅读资源、中英双语对照,并可根据不同学校的教学需求制定个性化书单。学生可以随时随地通过电脑、iPad 或手机登陆平台,各终端进度实时同步,支持书内书签、班级阅读圈互动和书评写作等操作。平台还能实时记录学生的阅读行为,如阅读内容、阅读量、阅读时长、阅读进度和阅读效率等,并对此进行大数据分析和评估,以供教师动态监控和评估之用。目前,国内多所本科高校已使用该平台开展通识阅读教学,高职英语专业亦可根据学生的语言水平推广通识阅读,让《英语阅读》课程回归经典阅读。

根据美国著名语言学家克拉申的"i+1 理论",语言教学中的输入必须是习得者可理解的语言信息,必须符合学习者现有的认知水平和语言基础。只有当习得者理解输入信息,并且输入信息略高于其现有语言水平,即"i+1 水平"时,才能产生语言习得。其中"i"代表学习者现有的语言水平,"1"代表略高于学习者现有水平的语言材料。此外,克拉申认为理想的语言输入应具有趣味性和相关性,采用非语法程序安排,要有足够的输入量(Krashen,1981)。因此,先对学生进行前测了解其整体语言水平,然后为其制订个性化阅读书单。

使用《中国英语能力等级量表》中的阅读理解能力自我评价量表(表81)对 109 名高职英语专业大一新生进行前测,并以其高考英语成绩作为辅助参考,结果显示大多数学生(78%)的阅读自测水平为 4 级,即他们认为自己能"阅读简短的故事、散文或说明文;能读懂旅游见闻中关于事件、人物、地点等信息;能从社会生活相关的简短议论文中分析作者的观点;能利用略读、寻读、跳读等不同的阅读技巧,找出文章中的重要信息"。阅读自测水平为 5 级和 3 级的学生比例分别为 10% 和 12%。根据以上前测结果,选取牛津书虫英汉双语读物系列中的四、五、六级构成阅读书单,如《小妇人》《理智与情感》《呼啸山庄》《远大前程》《纯真年代》《远离尘嚣》《简爱》《傲慢与偏见》《雾都孤儿》《名利场》《苔丝》等世界经典名著,其标注难点从高中一、二年级至大学低年级不等。作为世界上著名的经典文学缩略读本,经牛津语言学专家改写后的原著其词汇和语法难度符合不同英语学习者的特性和能力;大多数读物为小说体裁,复杂有趣的人物关系、鲜明突出的人物性格、跌宕起伏的故事情节使该系列读物具有很强的可读性和可理解性。由后台工作人员为学生录入每学期的个性化阅读图书,其中必读书1本,选读书5本,同时开启班级阅读圈,并根据授课教师的要求设置阅读平台的形成性评价构架。

总之,对教学平台的优化需要混合式教学的教师结合所教课程的具体特点以及学生的学习风格、学习需求等,努力开发简单、易操作并能真正提高学生学习的多元化在线学习方式。同时,对于平台使用问题,校方、技术方和教师等应共同努力解决。

第四节 "互联网+"背景下大学英语写作教学的创新优化

一、大学英语写作教学简述

(一)写作的内涵

在人们的日常生活中,经常会用到写作这一技能。关于写作的定义,中外学者从不同的角度出发给出了不同的解释。

瑞密斯(Raimes,1983)认为,写作包含两大功能:一是为了学习语言而进行写作,通过写作,学习者能够对自己所学的语言知识进行巩固,如词汇知识、词组知识以及语法结构知识等;二是为了写作而进行写作。

王俊菊(2006)认为,写作不仅仅是视觉上的编写行为和书写过程,而是一些包含复杂活动的解决问题的信息加工过程。

尽管不同的学者有着不同的解释,但对写作的本质认识是一致的,即都认为写作是写作者运用书面语言来传达思想、交流信息的过程与结果的集合,涉及写作者多方面的知识和技能以及对其意义的传达和信息的加工。

(二)大学英语写作教学的问题分析

1.写作教学目标缺乏系统性

学生英语写作能力的提高是一个循序渐进的过程,并不是一蹴而就的,这就要求英语写作教学的目标也应该体现出阶段性、渐进性的特点。然而,就当前的英语写作教学目标而言,总体目标与阶段性目标之间严重脱节,存在不协调的情况,这对于学生写作能力的提高是十分不利的。

2. 学生的中式英语现象严重

中国学生长期生活在汉语的环境下,受中国传统文化的影响比较深刻,也形成了相对固定的汉语思维习惯。然而,英语思维与汉语思维存在较大差异,汉语思维自然会影响到大学生的英语学习进程,并且往往会带来各种消极影响,"中式英语"就是其中的一个突出表现。很多学生使用汉语的表达方式来写英语句子,所写出的句子往往词不达意,呈现出中式思维习惯,这一现象所带来的后果是比较严重的。

3. 写作课程设置缺乏合理性

一直以来,英语写作教学的地位得不到重视,在课程设置上也不能凸显其合理地位,很多高校在英语写作的课程设置上存在不合理之处。例如,很多高校并没有设置专门的英语写作课程,这导致英语写作课时特别紧张,总是得不到合理进行。再如,英语教师在综合英语课程的讲解过程中往往先讲解词汇、课文,然后安排听力练习、阅读练习,进而让学生完成课后练习题,等这些环节结束之后,一堂课的时间也就消耗完了,根本没有时间来教授学生学习英语写作方面的知识,这让学生形成了英语写作是可有可无的观念,对英语写作的学习是十分不利的。

4. 学生的语言质量不过关

很多学生在使用英语写作文的时候往往不会使用地道的英语表达方式,所写出的英语句子存在大量语法错误,甚至还有很多单词也都拼写错了。英语与汉语存在很大差异,英语词汇在词性、用法、词义、搭配等方面都有自己的鲜明特点,如果学生按照汉语的逻辑思维来组织英语作文,那么显然就会出现各种语言知识点层面的错误。

二、"互联网＋"背景下大学英语写作教学策略的创新优化

利用当前的信息技术,教师可以充分激发学生学习写作的欲望,让学生积极掌握写作技能,规范自己的写作语言,进而提升自身的写作能力。可见,网络技术是当前大学英语写作教学的重要拓展手段。下面就针对大学英语写作教学融合网络技术的路径展开分析。

(一)倡导学生运用网络技术支持英文写作

教师利用网络技术进行英语写作教学可以打破时空限制,实现写作资源的合理共享,并且充分补充英语教学资源。教师在英语写作教学中

融合网络技术,可以让学生在网上搜索相关写作内容,并且对所搜索的内容进行整理与分析,把得出的结论最终应用到自己的写作内容中,顺利完成写作任务。

现代高校大学生都熟悉网络,每天都利用手机上网,对此,教师可以利用网络资源为学生增加写作的机会,充分激发学生对英语写作的兴趣,并在学生进行写作的过程中给予充分指导,形成一种和谐、融洽的交流氛围。

(二)利用计算机文字处理程序辅助大学英语写作

当前,随着计算机技术的快速发展,人们可以利用计算机完成很多工作。在写作练习的过程中,学生也可以利用计算机的快捷、方便特点来完成写作任务,很多计算机中都带有对写作中的标点、大写、小写、拼写等进行检测的功能,那么学生就可以利用这些工具来检测自己所完成作文中的错误并进行改正。

其中,拼写、语法功能可以有效减少学生作文中的拼写、语法错误,编辑功能还可以帮助学生完善段落之间的连接、组织、转移等要求。另外,学生还可以利用添加、剪切、复制等来修改自己的作文。此外,很多计算机还带有词典,学生可以利用这一功能迅速找到自己想要使用的词,或者检查自己所使用词语的正确与否。

计算机文字处理程序的功能在一定程度上减少了写作的重复劳动,省下了很多时间,因此学生能够花费更多精力在写作上,增强了他们对写作的兴趣和积极性。

(三)利用微信、QQ辅助大学英语写作教学

微信、QQ可以成为英语教师教授写作课程的助手,帮助教师加强与学生之间的沟通与交流。在写作过程中,学生可以将自己完成的作文通过微信、QQ发给教师,教师在完成批改之后,再利用微信、QQ发给学生。学生将教师批改的作文进行修改与反思,最终形成一篇优秀的作文。此外,教师可以鼓励学生利用微信、QQ等与同学、他人用英语进行交流,尤其是与以英语为母语的人进行交流,这可以有效帮助学生提升自身的英语运用能力。经过一段时间沟通,学生可以将自己的交流心得写成作文,其中可以写生活、学习、旅游、家庭、爱好等各个方面的主题作文,从而实现自身英语写作水平的提升。

第五节 "互联网＋"背景下大学英语翻译教学的创新优化

一、大学英语翻译教学

(一)翻译的界定

翻译的概念是翻译理论的基础与原点。翻译理论的很多流派都对翻译进行过界定。人们的翻译活动已经有 2000 多年的历史了,对翻译概念的认知也随之发生了改变。学者威尔斯说:"一部翻译史事实上就是对'翻译'这个词的多义性进行的论战。"从威尔斯的论述中可知,对翻译的理解需要从多个层面进行考量。

1.感悟式·语文学式·文艺式·通论式

人们对翻译最初的认识是感悟式的,主要是通过隐喻或者比喻的方式来进行表达。著名学者谭载喜(2006)通过对大量关于翻译的比喻说法进行总结,认为翻译主要是由作为行为或过程的翻译本身、作为结果的译文、作为主体的译者构成。从作为行为与过程的翻译本身来说,很多形象说法都对翻译的特点、性质等进行论述。语文学式是对翻译的进一步认识,在这一层面上,人们往往通过一些简单的话语表达对翻译的看法,这些看法虽然构不成系统,但是也存在着一些真理,甚至有些对后世的翻译研究有着深远影响,如严复的"信达雅",至今仍被视为翻译工作的一大重要标准。

翻译可以被视作一种对问题进行解决的活动,因为源语中的某一元素可以采用目的语中的某个元素或者某几个元素来处理。之后,由于翻译活动多为文学作品的翻译,因此对于翻译概念的探究主要是从文学层面展开的,因此是文艺式的研究。这类研究强调文学作品的审美特征,并将文学翻译的本质特征揭示出来。文艺式的翻译主要是针对文学这一语体来说的,将那些非文学翻译活动排除在外,所以缺乏概括力。

进入 20 世纪中期,人们认识到无论是文学翻译还是非文学翻译,语言的转换是必须的,因此从语言学角度对翻译进行界定是最具有概括力的,能够将不同的翻译类型揭示出来,也开启了现代意义上的翻译研究,将传统对翻译的界定转向翻译的通论研究,将传统对文学翻译的研究转入翻译专论研究,这就是通论式阶段。从整体上说,通论式翻译研究对于翻译的普适性是非常注重的,因此其概念也更为大众化。

2. 从语言维度到语言—文化维度

从普通意义上对翻译内涵的论述有很多,但观点并不统一。通论式翻译概念的确立是从语言学角度来说的,并随着语言学研究的深入而不断完善与发展。

俄罗斯学者费奥多罗夫(Fyodorov)从传统语言学角度出发,指出翻译是"运用一种语言的多种手段,将另外一种语言的多种手段在形式、内容层面不可分割的统一体中所传达的东西,用完整、准确的语句表达出来的过程"。

英国学者卡特福德(J. C. Catford)从普通语言学理论视角,将翻译定义为"将源语文本材料替换成等值的译语文本材料的过程"。

英国学者纽马克(P. Newmark)认为,翻译形式是将一种语言/语言单位转换成另一种语言的过程。所谓的语言/语言单位,指的是整个文本或者文本一部分的含义。

美国学者奈达与泰伯(E. A. Nida & C. R. Taber)指出:"翻译是用目的语创造一个与源语最接近的等值物,意义为首,风格为次。"

通论式翻译概念对人们从宏观角度认识翻译有着巨大的帮助。但是,仅仅对语言角度进行强调并不全面,也很难将翻译的概念完全地揭示出来,翻译的概念还应该涉及文化部分。

许钧指出:"从语言学角度对翻译进行界定是将翻译活动限于语言转换层面,这样容易遮盖翻译所囊括的广义内涵,容易忽视语际翻译的全过程及翻译中所承载的文化。"

科米萨罗夫(Komissarov)就指出:"翻译过程不是仅仅将一种语言替换成另外一种语言,其是不同个性、文化、思维等的碰撞。"同时,科米萨罗夫还专门对翻译学中的社会学、文化学问题进行了研究。即便如此,他们下的定义还未能明确文化这一维度。

俄罗斯学者什维策尔认为,翻译时应该将两种语言、两种文化、两种情境体现出来,并分析出二者的差别。在他看来,翻译可以进行以下界定。

(1)翻译是一个单向的,由两个阶段构成的跨语言、跨文化过程,在这一过程中,往往需要对源语文本进行有目的的分析,然后创作出译语文本,对源语文本进行替代。

(2)翻译是一个对源语文本交际效果进行传达的过程,其目的由于两种语言、文化、交际情境的差异性而逐渐改变。

很明显,什维策尔的定义包含了文化因素,并指出翻译是跨文化交际的过程,强调译本语境是另一种语言文化环境。

我国学者许钧认为翻译具有五大特征,即符号转换性、社会性、创造性、文化性、历史性。同时,基于这五大特征,将翻译定义为"以符号转换作为手段,以意义再生作为任务的一项跨文化交际活动"。

显然,当前的翻译已经从语言维度逐渐过渡到语言—文化维度。

3. 翻译的传播形式:单向跨文化传播

在翻译的定义中将翻译的文化性体现出来,可谓一个很大的进步。但是,在将文化性体现出来的同时,很多学者习惯运用"跨文化交流"或"跨文化交际"这样的说法。

翻译属于跨文化交际活动,但这大多是从历史角度对不同民族间的翻译活动历史成效进行的定性表述。

普罗瑟认为,跨文化交流活动需要的是双向互动,但是跨文化传播需要的则是单向互动。由于具体的翻译活动往往呈现的是单向过程,因此决定了翻译活动应该是一种传播活动。所以,如果确切地对翻译进行界定的话,可以将翻译定义为"一种跨文化传播活动"。

如果翻译的语言特征体现为不同语言之间的转换,那么翻译的文化特征体现的则是文化移植。当然,这种移植可以是引入,也可以是移出,由于源语文化与译语文化并不是对称的,同一种文化因素在引入与移出的过程中不可避免地会遇到不同的翻译策略。这样可以说明,无论是从语言转换的角度,还是从文化移植的角度,翻译都是单向性的。

4. 翻译的任务:源语文本的再现

在翻译的定义中经常会出现"意义"一词,其主要包含翻译的客体,即"翻译是什么?"应该说,"意义"相比费奥多罗夫的"所表达出的东西"更具有术语性,用其解答什么是翻译的问题是翻译学界的一大进步。但是也不得不说,有时候运用"意义"对翻译进行界定会引起某些偏差,因为很多人在理解意义时往往会受到结构主义语言学的影响,认为语言是有着固定的、明确的意义的。但就实际程度来说,语言的意义非常复杂。

著名语言学家利奇(L. N. Leech)指出意义具有七大类型,同时指出:"我不希望给人留下这样的印象,即这些就是所有意义的类型,能够将所传递的一切意义都表达出来。"利奇还使用 sense 来表达狭义层面的意义,而对于包含七大意义在内的广义层面的意义,利奇将这些意义称为"交际价值",其对于人们认知翻译十分重要。换句话说,源语文本中的这种广义层面的意义实际上指代的都是不同的价值,将这些价值结合起来就是所谓的总体价值。

很多学者指出,如果不将原作的细节考虑进去,就无法来谈论原作的整体层面。但需要指出的是,原作的整体不是细节的简单叠加,因此从整体上对原作进行考量,并分析翻译的概念是十分必要的。

王宏印在对翻译进行界定时指出:"翻译的客体是文本,并指出文本是语言活动的完整作品,其是稳定、独立的客观实体。"但是,原作文本作为一个整体如何成为译本呢? 作者认为,美学中的"再现"恰好能解释这一过程。

在美学中,再现是对模仿的一种超越。在模仿说中,艺术家的地位是不值得被提出来的,他们不过是在现实之后的一种奴仆,他们的角色如镜子一样,仅仅是对现实的一种被动的记录,自己却没有得到任何东西。换句话说,在模仿说中,艺术品、艺术表现力是不值得被提出来的,因为最终要对艺术品进行评论,都是看其与真实物是否相像。实际上,模仿说并未真实地反映出艺术创作的情况,很多人认为模仿的过程是被动的,但是在看似这种被动的情况下,也包含了很多表现行为与艺术创造力,其中就包括艺术家的个人体验与个人风格。同样,即便是那些不涉及艺术性的信息类文本,其翻译活动也不是模仿,而是译者进行的创造过程;对于那些富含艺术性的文本,模仿说更是无稽之谈了。最终,模仿必然会被再现替代。

用"再现"这一术语对翻译概念进行说明,可以明确地展现翻译的创造性,可以将译作的非依附性清楚地表现出来。因为再现与被再现事物本身并不等同,而是一个创造性的艺术表现形式,同时再现可以实现译作替代原作的功能。

(二)大学英语翻译教学的问题分析

1. 教师素质有待提升

很多教师追求速度,对翻译教学并未沉下心进行研究,因此无法对学生展开有效的指导。很多教师也并非翻译专业出身,他们学的大多是综合类英语,因此对翻译的基础知识掌握得并不透彻,导致翻译教学开展起来非常困难。

2. 翻译教学理论与实践脱节

理论源于实践,只有将理论与实践结合起来,才能提升翻译质量与翻译效率。因此,在英语翻译教学中,教师除了传授学生基本的翻译知识与技巧外,还需要不断带领学生参与到翻译实践中,在实践中验证学生对课堂的掌握情况。但就目前来看,我国很多学校在翻译教学中都是理论与实践脱节,仅传授理论,导致学生学习了大量理论知识,却不会运用到具体的实践中。

3. 学生的翻译意识薄弱

当前,学生的翻译意识非常薄弱,很多学生仅仅将翻译作为赚钱的手段。同时,学生的翻译心理也有明显不同,一些学生未明确翻译的理念与策略,未形成健全的知识体系,因此他们对待翻译是一知半解的,无法真正地运用到实践中。

二、"互联网＋"背景下大学英语翻译教学策略的创新优化

(一)利用多媒体展开翻译课堂教学,增加英语习得

在翻译教学中,教师可以利用与教材配套的多媒体光盘辅助教学,不过,由于各个学校的多媒体设备资源配置不同,而且教材所配套的光盘往往在内容上缺乏系统性,所以教师需要酌情使用。对此,最好的方法就是教师可以根据教材内容自己动手制作课件,然后利用多媒体播放。多媒体课件的制作过程相对烦琐,需要依据具体的教学过程、教学内容、教学目标、教学媒体等,只有将这众多条件融合在一起,并体现互动性原则,方能制作出优良的多媒体课件。当然,这样的课件对于学生翻译能力的提升也是大有裨益的,可以促进不同层次学生翻译能力不同程度的提升。

为此,在进行翻译教学活动之前,教师可以利用声音、图片、动画等教学辅助手段来刺激学生的学习兴趣,使学生在学习过程中始终保持较好的积极性,将枯燥的翻译理论变得生动、有趣。针对具体的教学过程,教师在其中不仅要教授学生英汉互译的技巧,而且还需要补充中西方文化背景知识,让学生对翻译理论形成一定的系统。虽然教师在翻译教学过程中所使用的教学模式相对陈旧,但在内容与形式上与传统的翻译教学已经大不相同。这种不同主要体现在如下方面。

(1)在形式上不再是单调的板书形式,而是以媒体形式呈现,节约了大量时间。

(2)在内容上是针对不同层次的学生展开的,在课堂上由教师指导和学生自主选择,这有利于改善课堂教学的氛围。

（二）利用网络培养学生的跨文化意识，教授学生文化翻译策略

在翻译过程中，学生经常会出现误译、错译等问题，其主要可以归结为英汉语言文化背景的差异较大。例如，在西方文化中，得到亲人的帮助后会说"Thank you!"，但在中国家庭，如果夫妻之间用这种方式表达感谢，会显得两人的关系比较疏远。可见，翻译不应仅仅完成语际转换，还必须充分了解其中涉及的文化内容。因此，在英语翻译教学中，教师应该注意培养学生的跨文化交际意识，并教授学生一定的文化策略。在这方面，网络这一工具就可以起到很好的辅助作用。教师可以利用电脑与网络为学生播放一些有关西方文化的纪录片、电影等，从而帮助学生充分了解西方文化。

第八章 "互联网+"背景下大学英语文化教学的创新优化

无论是历史上还是现代社会,人们所说的文化都是全球文化,每一种文化都是将宇宙万物囊括在内的体系,并且将宇宙万物纳入各自的文化版图之中。总体上说,文化会涉及人与社会的关系、人的存在方式等层面。但是,其也包含一些具体的内容。本章针对"互联网+"背景下大学英语文化教学的创新优化展开分析。

第一节 大学英语文化教学简述

一、文化的定义、分类、特征

(一)文化的定义

对于普通人来说,文化是一种平时都可以使用到、却不知道的客观存在。对于研究者来说,文化是一种容易被感知到、却不容易把握的概念。

对于文化的定义,最早可以追溯到学者爱德华·泰勒(Edward Burnett Tylor,1871),他这样说道:"文化或者文明,是从广泛的民族学意义来说的,可以归结为一个复合整体,其中包含艺术、知识、法律、习俗等,还包括一个社会成员所习得的一切习惯或能力。"之后,西方学者对文化的界定都是基于这一定义而来的。

1963年,人类学家艾尔弗雷德·克洛伊伯(Alfred Kroeber)对一些学者关于文化的定义进行总结与整理,提出了一个较为全面的定义。

(1)文化是由内隐与外显行为模式组成的。

(2)文化的核心是传统的概念与这些概念所带的价值。

(3)文化表现了人类群体的显著成就。

（4）文化体系不仅是行为的产物，还决定了进一步的行为。

这一定义确定了文化符号的传播手段，并着重强调文化不仅是人类行为的产物，还对人类行为的因素起着决定性作用。同时，其还明确了文化作为价值观的巨大意义，是对泰勒定义的延伸与拓展。

在文化领域下，本书作者认为文化的定义可以等同于 2001 年联合国教科文组织发表的《世界文化多样性宣言》中的定义：文化是某个社会、社会群体特有的，集物质、精神、情感等为一体的综合，其不仅涉及文学、艺术，还涉及生活准则、生活方式、传统、价值观等。

进入 20 世纪 90 年代之后，很多学者也对文化进行了界定，这里归结为两种：一种是社会结构层面上的文化，指一个社会中起着普遍、长期意义的行为模式与准则；一种是个体行为层面上的文化，指的是对个人习得产生影响的规则。

这些定义都表明了：文化不仅反映的是社会存在，其本身就是一种行为、价值观、社会方式等的解释与整合，是人与自然、社会、自身关系的呈现。

（二）文化的分类

1. 交际文化与知识文化

文化和交际总是被放到一起来讨论，文化在交际中有着无可替代的地位，并对交际的影响最大，因此有学者将文化分为交际文化和知识文化。

那些对跨文化交际直接起作用的文化信息就是交际文化，而那些对跨文化交际没有直接作用的文化就是知识文化，包括文化实物、艺术品、文物古迹等物质形式的文化。

学者们常常将关注点放在交际文化上，而对知识文化进行的研究较少。交际文化又分为外显交际文化和内隐交际文化。外显交际文化主要是关于衣食住行的文化，是表现出来的；内隐交际文化是关于思维和价值观的文化，不易察觉。

2. 物质文化、制度文化与精神文化

三分法是将文化分为物质文化、制度文化和精神文化的分类方法。

人从出生开始就离不开物质的支撑，物质是满足人类基本生存需要的必需品。物质文化就是人类在社会实践中创造的有关文化的物质产品。物质文化是用来满足人类的生存需要的，只是为了让人类更好地在当前的环境中生存下去，是文化的基础部分。

人是高级动物,会在生存的环境中通过合作和竞争来建立一个社会组织。这也是人与动物有区别的一个地方。人类创建制度,归根到底还是为自己服务的,但同时也对自己有所约束。一个社会必然有着与社会性质相适应的制度,制度包含着各种规则、法律等,制度文化就是与此相关的文化。

人与动物的另一个本质区别就是人的思想性。人有大脑,会思考,有意识。精神文化就是有关意识的文化,是一种无形的东西,构成了文化的精神内核。精神文化是人类在认识世界和改造世界的过程中挖掘出来的一套思想理论,包括价值观、文学、哲学、道德、伦理、习俗、艺术、宗教信仰等,因此也称为观念文化。

(三)文化的特征

1. 主体性

文化是客体的主体化,是主体发挥创造性的外化表现。文化具有主体性的特征主要源于人的主体性。所谓人的主体性,即人作为活动主体、实践主体等的质的规定性。人通过与客体进行交互,才能将其主体性展现出来,从而产生一种自觉性。一般来说,文化的主体性特征主要表现为如下两点。

首先,文化主体不仅具有目的性,还具有工具性。如前所述,由于文化是主体发挥创造性的外化表现,因此其必然会体现文化主体的目的性,只有这样才能促进人的全面发展。另外,文化也是人能够全面发展的工具,如果不存在文化,那么就无法谈及人的全面发展,因此这体现了文化的工具性。

其次,文化主体不仅具有生产性,还具有消费性。人们之所以进行生产,主要是为消费服务的,而人类对文化进行生产与创造,也是为了更好地进行消费。在这一过程中,对文化进行创造属于手段,对文化进行消费属于目的。

2. 历史性

文化具有历史性的特征,这是因为其将人类社会生活与价值观的变化过程动态地反映出来。也就是说,文化随着社会进步不断演进,也在不断地扬弃,即对既有文化进行批判、继承与改造。对于某一历史时期来说,这些文化是积极的、先进的,但是随着时代的发展,这些文化又可能失去其积极性、先进性,被先进的文化取代。

例如,汉语中的"拱手"指男子相见时一种彼此尊重的礼节,该词产生于传统汉民族文化中。然而随着历史的发展,这一礼节已经不复存在,现代社会常见的礼节是鞠躬、握手等。因此,在当今社会,"拱手"一词已经丧失了之前的意义,而仅作为文学作品中传达某些情感的符号。

3. 社会性

文化具有社会性特征,这主要表现在如下两点。

首先,从自然上来说,文化是人们创造性活动的结果,如贝壳、冰块等自然物品经过雕琢会变成饰品、冰雕等。

其次,从人类行为来说,文化起着重要的规范作用。一个人生长于什么样的环境,其言谈举止就会有什么样的表现。另外,人们可以在文化的轨道中对各种处世规则进行把握,因此可以说人不仅是社会中的人,也是文化中的人。

4. 民族性

文化具有民族性特征。人类学家克利福德·格尔茨(Clifford Geertz)这样说道:"人们的思想、价值、行动,甚至情感,如同他们的神经系统一样,都是文化的产物,即它们确实都是由人们与生俱来的能力、欲望等创造出来的。"这就是说,文化是特定群体和社会的所有成员共同接受和共享的,一般会以民族形式出现,具体通过一个民族使用共同的语言、遵守共同的风俗习惯,其所有成员具有共同的心理素质和性格体现出来。

二、文化教学的兴起

语言是文化的重要组成部分,语言背后蕴含的是丰富的文化内容。但是,要想明确英语文化教学的相关知识,首先就需要弄清楚其基本的内涵。

1994 年,著名学者胡文仲在《文化与交际》一书中指出语言与文化的关系,即语言是文化的一种表现形式,属于文化的一部分。如果学生不清楚英美文化,那么将会很难学好英语。从胡文仲先生这段话中不难看出,要想真正地学会运用语言,首先就需要对文化有所了解。英语文化教学就是引导学生学习西方的文化知识,增强学生对文化的敏感性。只有这样,才能让学生符合社会对英语人才的需要。

文化教学是从跨文化教育中来的,并且随着跨文化教育的发展而不断进步与发展。

跨文化教育有着悠久的历史,从古至今,世界上很多国家都在不断交往与合作,如国家之间的相互旅游、不同国家之间的留学等。实际上,这都是跨文化教育实践的内容与范畴。

世界上不同文化之间不断交流与合作,促进各国文化不断进步与发展。但不得不说,由于受价值观念、思维模式等的影响,必然会存在文化差异,这就可能导致出现冲突或者隔阂。为了保证各个国家、民族之间可以顺利进行交往,就必然需要学习相互的文化,这就需要跨文化教育的参与。

跨文化教育这一领域非常新颖,大约是在1960年产生的,因为在这一时期,出现了很多移民,其存在导致了很多社会问题的产生。最开始,移民国家对于移民如何适应当地环境、如何生存非常关注,随着时代的进步,他们也开始关注文化交融,并开始研究为何会出现文化交融,为何有的文化交融后会消失,为何文化会出现变迁等。之后,跨文化教育理论逐渐产生,如文化融合理论、文化变迁理论、多元文化教育理论等。

作为一种国际性的思潮,跨文化教育主要是在1990年前后产生的,是在联合国教科文组织的推动下得以产生的。从1980年开始,联合国教科文组织开始分析和研究教育与文化二者的关系,尤其是教育对文化会产生怎样的作用。之后,联合国教科文组织开始组织各种活动,并提倡应该编写合适的教材,让孩子们能够了解不同文化知识。

到了1990年,基于联合国教科文组织的推动,跨文化教育的理念更加清楚和明确,并得到了很多国家、地区的认可。之后,联合国教科文组织召开了第43届教育大会,在这次大会上,将教育对文化的贡献作为主题,并促进了世界各国跨文化教育的进步与发展。具体来说,主要体现为如下几点。

第一,注重人的全面发展,并认为通过人与人之间的接触来促进人的全面发展。

第二,明确联合国教科文组织的重要目标在于对教育进行普及、对文化进行传播,从而保证文化的独立性与多样性。

第三,明确每个人都有权利参与到文化互动之中,对文化生活加以享受。

第四,对不同文化之间的交往活动予以重视,从而保证文化具有多样性,也能够将文化的特性彰显出来。

第五,对教育与文化的关系予以明确,尤其是教育对文化产生的影响。

第六,对跨文化教育的概念予以明确,并指出跨文化教育的目的在于对文化的尊重以及对文化多样性的理解。

第七,对跨文化教育的内容与范畴加以界定,不仅容纳了某些学科的内容,还将所有学科教育与学校媒体、学校系统等内容融入进去。

第八,认为学校应该与社会环境结合起来,构筑成一个有效的会话场所,并逐渐扩充学生的视野,尤其是文化视野。

第九,对跨文化教育的方法与策略予以明确,并阐释了教育课程、教育内容等原则。

第十,主张构建跨文化教育的质量标准,从而推进跨文化教育在世界上的进步与发展。

另外,1994 年联合国教科文组织的第 44 届国际教育大会也重点提出了跨文化教育,并对跨文化教育理念进行深化。它将"国际理解教育"作为主题,并发表了《国际理解教育的总结与展望》这一纲领性文件。这一文件强调如下三点。

第一,教育政策必须对人们、社会与文化三者的相互理解有帮助,并能够使三者相互包容。

第二,教育必须对提升文化认知与文化态度有帮助,有助于和平、民主的文化价值观的构建。

第三,教育机构要逐渐成为一个理想的场所,即对人权能够宽容与尊重,努力构建文化的多元化。

基于这一文件,1996 年,联合国教科文组织又发布了一项专题报告——《国际理解教育:一个富有根基的理念》。在这一报告中,明确指出了对各国文化的理解是跨文化教育的重要目标。

进入 21 世纪,联合国教科文组织为了能够将跨文化教育更好地推进,提出了具体的措施与方针,随着这一推动,世界各国建立了相应的机构,其都是为了对跨文化教育予以推进。可见,跨文化教育已经在当代成为一种普遍现象,也必须被重视起来。

正因为跨文化教育不断发展,英语文化教学逐渐被人们关注,并展开了对其内容、目标等多个层面的研究和探讨。

三、大学英语文化教学的目的

在当前,英语文化教学的目标是提升学生的跨文化交际能力,具体来说,主要可以从如下三点来理解。

（一）帮助学生树立多元文化意识

了解世界文化的多样性,有助于人们建立多元性的观念。文化不同,其产生的背景也不同,因此彼此之间不能进行替代。在全球化视角下,不同文化群体之间的交流变得更为频繁,因此人们需要理解与尊重不同的文化,这样避免在交际中出现交际困难或者交际冲突。

在英语文化教学中,教师应该让学生对不同文化逐渐了解与熟知,让他们不仅要了解自身的文化,还要了解他国的文化,这样才能建构自身的多元化意识。

（二）发展学生的批判性思维

在英语文化教学中,教师应该培养学生的批判性思维,让学生逐渐反思本国的文化,然后将那些有利的条件综合起来,对文化背后的现象进行假设,从而建构自己的文化观。

（三）为学生创造学习异质文化的机会

当不同文化之间进行了解与接触的时候,难免会出现碰撞,并且很多人可能对这种碰撞感觉到不舒服、不适应。因此,在英语文化教学中,教师应该让学生了解这一点,规避这一点,提升自身的文化适应能力。

四、大学英语文化教学的模式

随着大学英语教学不断开展,教师对英语的文化内涵开始给予关注,并且意识到在英语教学中培养学生的文化交际素质是非常重要的。在文化教学中,教师应采用恰当的教学模式,只有这样才能实现教学目的。一般来说,文化教学的模式主要有如下几种。

（一）"交际—结构—跨文化"模式

文化教学的常见模式就是"交际—结构—跨文化"模式,这一模式与中国人的英语教学习惯相符。在英语教学中,中国的大多数学生都是以汉语思维展开的。这种认知与思维方式与英语学习的规律不相符。心理学家指出,事物之间的差异越大,那么就越能对人类的记忆进行刺激。"交际—结构—跨文化"模式能够从英语学习的全过程出发,展开认知层面的刺激,在教学的各个阶段都对学生的目的语思维模式产生影响。

1. 交际体验

交际体验即让学生掌握一定的交际能力,通过运用英语展开交际。交际能力是人们为了对环境进行平衡而实施的一种自我调节机制。通过这种交际体验,能够不断提升学生的交际能力。在交际过程中,交际双方需要建立在一定的语言交际环境的基础上,不断熟悉和了解交际双方的背景知识,从而将交际双方的交际技能发挥出来。我国的英语教学需要为学生营造能够进行交际体验的环境,这样才能形成一种双向的互动与交际模式。

2.结构学习

结构学习将语言技巧作为目标,将语言结构作为教学的中心与重点内容,从而利用英语展开教学。语言具有系统性,语言教与学中应该对这种系统性予以利用,找到教与学中的规律,实施结构性学习方式。

结构学习要对如下几点予以关注。

第一,对学生的英语结构运用能力进行培养。

第二,对学生的词汇选择与创造力进行培养。

第三,对学生组词成句、组句成篇能力进行培养。

第四,对学生在不同语境下的交际能力进行培养。

3.跨文化意识

跨文化意识是将对文化知识的了解与熟知作为目标,对文化习俗非常重视,利用英语为学生讲解文化习俗方面的知识。要想具备英语文化知识,学生不仅要对英语国家的历史与文化活动有所了解,还需要对相关文学作品进行研读,同时还要了解相关国家的风俗与习惯,从而形成对西方文化学习的热情与兴趣。久而久之,英语教学就成为一种对文化的探索教学,从而激发学生的学习兴趣,提升学生的学习效果。

这一模式要求在整个教学中需要对中西方文化进行对比,从而培养学生的跨文化意识。

(二)"文化因素互动"教学模式

考虑英语文化教学中存在多种问题,很多专家、学者从不同的视角提出了不同的解决方案,但是总体上都不能让人满意。文化的双向传递指的是在英语教学中,以中西方文化作为中心,以对文化的学习来促进语言的学习,从而建构学生的中西方文化知识结构,培养他们的跨文化交际能力。

文化因素互动的目的是克服因英语教学中单向西方文化输入产生的问题,尤其是"中国文化失语"现象的出现,用中西方文化的双向输入;克服零散的点的输入,用系统的文化输入;克服片面的流行文化的输入,以文化精髓与文化底蕴进行输入；克服被动的文化输入，采用主动的文化建构输入。在英语教学中实施文化因素互动模式，有利于对学生的文化知识结构进行优化，培养学生的文化能力与意识，提高学生的跨文化交际能力，使学生能够在适应全球化发展的同时，对本土优秀文化进行弘扬，保证中西方文化的平等对话。

当前，多数英语文化教学将西方文化作为教授的内容，多以西方文化作为教学重点与资源，但是未将中国文化传播纳入教学中，因此主张采用文化双中心原则。虽然当前基于全球化背景，文化研究多是以西方文化范式作为主导，但是我们也不能忽视本土文化。很多中国学者呼吁应该进行中西方文化的平等对话，而要想实现平等对话，主体必然是中国人，并且是懂得如何进行平等对话的中国人。中国的大学是培养中国人才的摇篮，中国的大学英语教育应该承担责任，在英语文化教学中坚持文化双中心原则，将中国文化教学与西方文化教学相结合，实现二者的并重，这样才能真正地做到知己知彼，才能避免出现"中国文化失语"的现象。

五、大学英语文化教学的问题分析

语言与文化有着密切的关系，因此在大学英语教学中融入文化有着非常重要的意义。在早期的大学英语教学中，跨文化交际教学的目的在于让学生理解目的语文化，因此教师教授的也多为目的语文化知识及其相关背景。随着研究的深入，跨文化交际教学的内容也发生了改变，将文化态度、文化观念等内容也容纳进去，这时跨文化交际教学的目标也相应发生改变。

（一）频繁的跨文化接触

随着人类社会与思想的进步，人们的生活更加开放，不同国家、民族的人们因生存的需要或者偶然的相遇而开始交往，并日益频繁。于是，跨文化交际应运而生。如果说人与人之间、家庭与家庭之间的交往是以民族化为特征的早期交往形式，那么国家与国家之间、民族与民族之间的接触则呈现了地域化或国际化的特征，进而演变成现在的全球化特征。从古至今，尤其是经济与科技发达的今天，不同民族间的交往日益紧密，而且逐渐成为国家与民族兴旺的重要一环。因此，这也加速了文化教学的产生与发展。

（二）出现了"中国文化失语"现象

为满足国家"开放"和"引进"战略对外语人才的需求,各层次外语教育过度倚重语言的工具性学习。长期以来,社会上已经形成了过分重视分数高低、忽略对学生德育培养的倾向,忽略人文教育。大学英语教学内容中人文性教育内容较少,导致了英语教学中的人文教育失去了内容支撑。并且外语教学仅仅围绕英语能力所代表的西方文化的学习,中国文化相关内容长期处于被忽视状态。在应试教育目标的指挥棒下,教师的中国文化意识薄弱,将培养学生的英语应用能力看作唯一目标。另外,从人才培养的角度来看,我国师范类高校英语专业学生缺乏中华文化的学习,对中国传统文化缺乏系统的了解,这直接造成了英语教师的中国文化修养的缺乏以及中国文化教学能力的低下。培养出色的国际化外语人才的前提,是教师首先要具备足够的中国文化素养。

（三）存在跨文化冲突

经济全球化导致各个国家在各个领域都发生着程度不同的交际,因此商品、技术、信息、人员等生产要素的跨国流动非常频繁。在这个国际化的时代里,世界以一个整体的形式出现。不同文化背景的人进行着频度更高、范围更广、层次更高的跨文化交流。人们逐渐意识到,跨文化交际不是简单的英汉互译,而是需要交际者深刻理解彼此的文化背景。在越来越多的、越来越深层的跨文化交往出现的同时,越来越严峻的跨文化交往形势也随之出现。

跨文化冲突是伴随着跨文化交际的产生而产生的,在跨文化交际中难以避免跨文化冲突。我们在认识到文化差异的同时,应该思考如何有效避免跨文化冲突。跨文化冲突包括非暴力性的摩擦性冲突和暴力性的对抗性冲突。摩擦是跨文化交际中的误解与分歧导致的不同文化间的争执。摩擦是普遍的、经常发生的。对抗是不同文化之间的暴力冲突,它可能进一步演变为军事化的暴力冲突,也就是战争。对抗是残酷的,总是伴随生命伤亡。当摩擦长期存在并不断加剧,就恶化为对抗,甚至暴力性的对抗冲突。跨文化交际中的摩擦常常以争执、辩论、批评、谩骂等为语言表现形式,以游行示威和请愿抗议为政治行为表现形式。跨文化交际中的摩擦在长时间的积淀中就形成了跨文化冲突。

1.跨文化冲突的普遍性

其一,跨文化冲突普遍存在于世界各地。古今中外,跨文化冲突无处不在。历史悠久的中国,同时也有着跨文化冲突的悠久历史。中国文化的独特性,决定了中国文化和其他文化之间必然发生各种各样的跨文化冲突。近代以来,中国文化与欧洲文化一直处于征服与反征服的冲突状态。除此之外,中国与美国、日本、印度、菲律宾等国家之间也存在跨文化冲突。其中,中国和美国的跨文化冲突表现得最为突出。中国与美国之间的共同性不少,并且有着许多的利益牵连,两国之间的学习、商务往来也非常频繁,但是中国与美国的跨文化冲突的历史比较久远。

其二,跨文化冲突普遍存在于各种文化层面。跨文化冲突可以发生在文化的各个层面,包括价值观、制度、生活方式等。

价值观是深层文化因素,是导致跨文化冲突的根本原因。因此,制度、生活方式等层面的跨文化冲突就是价值观层面的跨文化冲突在制度、生活方式层面的一种写照。所以,我们可以通过价值观层面的跨文化冲突来理解文化各个层面的跨文化冲突。

2.跨文化冲突的尖锐性

其一,激化程度不断加强。跨文化冲突如果长期存在,没有得到缓解,并且反复进行,就很快可能不断激化,演变为对抗。

其二,爆发性逐渐增强。跨文化冲突的导火索可能是很小的事件,但最后往往酝酿成大的灾难性事件,以对抗收场。当争吵使得矛盾到达爆发的临界点时,异常大规模的跨文化冲突就会爆发。

3.跨文化冲突的复杂性

文化本身就是一种复杂的现象,跨文化冲突就更应该是一种复杂的现象。有人认为,文化差异是导致跨文化冲突的根本原因。事实上,文化差异可能导致跨文化摩擦,但不一定会引起跨文化对抗。如果文化差异的双方尊重对方的存在价值,就不会产生跨文化冲突。可见,文化差异不一定导致跨文化冲突。导致跨文化冲突的根本原因是试图强制性地消除差异。当一方试图使对方与自己统一,从而消除对方时,冲突就出现了。如果文化差异的双方都想将彼此取而代之,跨文化冲突就表现得十分明显。我们要消除的是跨文化冲突,而不是文化差异。因此,我们绝不能抱有消除差异、同化对方的观念。

4.跨文化冲突的长期性

跨文化冲突是长期普遍存在的,并且跨文化冲突的影响也将长期存在。一些跨文化冲突消失了,另一些跨文化冲突又产生了,甚至原来已经消除的跨文化冲突又死灰复燃。即使一些跨文化冲突本身消失了,但是这些跨文化冲突造成的不良氛围将长期存在。跨文化冲突引起的仇恨情绪难以消除,任何一方的非理性言行都可能导致跨文化冲突的进一步激化,从而引起新的跨文化冲突。因此,我们应该弱化当前的跨文化冲突,避免当前的跨文化冲突成为新的跨文化冲突的催产素。

面对跨文化冲突的严峻形势,人们要从人类文化本身去寻求跨文化冲突的解决之道。人类要充分发挥人类文化的创造性,创造出消除跨文化冲突的新文化,以实现更加和谐、丰富的跨文化时代以及更加美好的人类生存形态。对此,联合国等组织大力提倡跨文化对话,联合国教科文组织就提出了"跨文化教育",并在很多区域组织了一些跨文化教育实践,以此实现文化和平的理想。对于从根本上消除跨文化冲突,跨文化教育有着无限的可能和巨大的潜力。

（四）教学大纲中缺乏可操作性的具体指导

2007 年 7 月,教育部下发了《大学英语课程教学要求》作为各高等学校组织非英语专业本科生英语教学的主要依据。整个文件较为详细地规定了听力理解能力、口语表达能力、阅读理解能力、书面表达能力、翻译能力、词汇量等,但是关于"跨文化交际",仅仅在教学性质和目标中出现一次,缺乏量化指标和可操作性的指导。

（五）教学具有明显的功利性

在"考本位"的教育体制影响下,我国的英语教学从小学、初中到高中都呈现出明显的功利性。考试考什么,教学就讲什么。其中,初、高中课堂为了应对升学,教师在课堂上将重点放在对语言知识的讲授上,较少涉及文化教学。

受这种学习方式和指导思想的影响,很多教师与学生将教学的目标看作通过考试,教师的教学实践服务于学生英语过级。这可能有利于提升学生的应试技能,但是导致学生难以学习到英语文化知识。

（六）文化碰撞实战演练较少

在母语环境中学外语的效果显然没有到目的语的环境中去学外语的效果好。

我国的学生学习外语大多都是在国内完成,缺乏外语环境与氛围,与异域文化的接触与碰撞较少。例如,学生在学习西餐中"开胃菜"这一单词时,可能要背诵好多次,对这个词的印象才能逐渐清晰,继而逐渐记住,但是对于开胃菜到底是什么可能还不是非常清楚。但是,学生若在外语环境中进行学习,整个这一过程参加一次一般都可以解决。外语文化氛围的缺少必然会不利于学生的文化学习。

（七）大学英语教学中侧重语言学立场

所谓大学英语教学的语言学立场,即将外语作为一门语言知识来教授的教育策略。具体来说,大学英语教学的语言学立场主要教授给学生词汇、语法等语言知识与语言规则,忽视语言背后的其他内容的教授,外语教育中这种单一的语言学立场明显是具有局限性的。

1.割裂了语言与文化的内在关联性

众所周知,语言与文化关系密切,语言是文化的载体,文化是语言的灵魂。语言教育肩负着使不同文化得以传递、保存、发展的重要责任,因此英语教学是一种文化传播的过程与手段。

语言与文化具有同构性。从语言的形式构成来说,任何语言都是由语音、词汇、语法等要素构成的;从原因的形成来说,任何原因都是对特定价值观念、思维方式等的反映,每一种语言都与某一特定的文化相互对应,而修辞的运用、语言结构的选择、语言意义的生成等都会受到文化特性、文化价值观的规范与制约。因此,就本质上而言,语言的发展与传播反映的是文化思维方式、文化价值观念等的变革。就教育层面来说,语言学习的过程就是文化理解、文化传播的过程,也是促进学生思维方式与价值观念建构的过程。如果学生的语言学习离开了文化学习,那么学生学到的仅仅是语言符号,只能导致语言学习的符号化。

也有人认为,文化学习是源自语言学习的。但是如果把文化的东西简单地视作形式化的语言符号,那么文化学习就走向纯粹的原因符号了。传统的外语教育只注重语言形式的学习与技能培养,人为地将语言教学与文化教学割裂开来。这样很多学生即便学到了语言知识,能够说一口流利的语言,但是也很容易出现语用错误。实际上,任何知识都是由三个部分组成的:符号表征、逻辑形式与意义,而逻辑形式与意义不仅在符号表征中呈现,还在语言知识特有的文化元素中呈现。如果将语言的符号知识与其隐含的文化元素割裂展开教学,便是割裂了语言知识与文化内涵之间的关系,这样的外语教育显然也会失去文化立场。

2. 不利于渗透国际理解教育

与母语相比,英语教学为学生打开了另外一扇窗户,其能够引导学生了解另外一个民族的语言文字以及背后的文化与价值观念等,进而提升学生的文化理解力。尤其在当前经济全球化背景下,英语教学需要确立一种开放的思维方式,引导学生逐渐形成国际理解力,但是英语教学这种单一的语言学立场显然并未认识到文化的重要作用,很难让学生认识多元的世界,形成一个开放的思维。

3. 不利于提升学生文化选择力、文化判断力、文化理解力

我国社会就文化背景的构成来说,虽然不像西方国家社会具有那么大的差异,但是内部也会存在一些文化传统。基于这样的现实,如何开展与文化模式相适应的教学呢? 随着我国改革开放的推进,国际合作办学不断发展,很多城市开办了国际学校,招收不同国籍、不同种族、不同文化背景的学生,这必然对多元文化教育提出更高的要求。教师如果对不同的文化模式不了解,就很难驾驭多元文化教育课题的要求,很难提升学生的文化选择力、文化判断力、文化理解力。

第二节 "互联网+"背景下大学英语文化教学的原则

一、主体意识强化原则

基于全球化的浪潮,西方国家凭借自身的话语权,采用经济、文化等手段推行其生活方式或意识形态,对包括中国在内的其他文化产生了冲击,导致文化输入、输出出现了严重的失衡情况,也对其他民族的文化造成了严重的腐蚀。

对此,在实施文化教学时,教师必须引导学生对跨文化交际过程中的平等主体意识加以强化,减少学生对西方文化的盲从,增强学生对中国优秀传统文化的认知与了解,主动对中国传统的文化进行整理与挖掘,吸取文化中的精髓,将中国传统的优秀文化底蕴凸显出来,强调中国优秀传统文化在当今世界的价值。

在文化教学中,教师要引导学生遵循"和而不同"的原则,既要对其他文化有清晰了解,又要保持自身文化的特点,让学生能够向世界展现中国优秀文化的精髓。

在文化教学中,教师要不断培养学生的自信气度与广阔胸怀,让学生学会在平等竞争中,以多种形式将中国的优秀传统文化传播出去,不仅对西方文化霸权主义的侵蚀加以抵制,还能确保中国文化在世界文化中的地位和格局,从而促进世界文化的多元发展。

二、内容系统化原则

文化的内容非常丰富,其所包含的因素至今还没有一个定论,因此在实施文化教学时,教师不能一股脑地将所有文化内容纳入自己所讲授的内容中。因此,我国的教育主管部门应该组织文化领域的专家、学者,从价值性、客观性、多元性等多个层面出发,对中国优秀传统文化的教学内容体系进行确立,具体包含中国的基本国情文化、社会主义核心价值观、民族文化、节日文化、生活文化等。

三、策略有效性原则

在实施文化教学时,教师应该采取有效的策略。具体来说,可以从如下两项入手。

第一,教师要用宽容、平等的心态对中西方文化进行对比,通过对比来鉴别。这一策略就是将中国文化与其他文化进行比照,从而将中国文化与其他文化的异同揭示出来,避免将那些仅属于某一特定社会的习俗与价值当作人类普遍的行为规范与信仰。

在运用这一策略进行教学时,教师应该从跨文化交际中存在的现实问题进行着眼,以共时对比作为重点,不会考虑褒贬,克服那些片面的文化定型,避免用表面形式对丰富的文化内涵进行取代。也就是说,教师应该引导学生透过现象看本质,通过理性、客观的态度,对不同文化的异同加以分析。

另一方面,教师要为学生提供充足的空间与机会,让学生感受到中国传统文化的魅力。通过体验,可以将课堂环境与社会环境结合起来,加强文化与社会、学生与社会之间的关联性,使学生在英语教学情境下不断体验与感悟,从而帮助学生形成文化理解力、文化认知力。

第三节 "互联网+"背景下大学英语文化教学的优化方法

一、务实手段,创设跨文化交际基础

在"互联网+"背景下的大学英语文化教学中,教师应该利用互联网这一手段,不断优化教学资源与过程,实现教学效果。互联网技术有助于教师创设真实的教学环境,通过声音、图像、动画等的结合,有助于增强教学的直观性,让教学更为形象。

另外,在"互联网+"背景下,学生愿意展开技能练习,这不仅让学生学会分析,还能发挥学生的创新能力,提升他们的语言意识与跨文化能力。

在大学英语文化教学中,教师需要采用实时播放的形式,以教师为主,采用互联网软件、各种媒体,将学生需要的知识传输给学生。

二、组织协作,倡导交互学习

在"互联网+"背景下的大学英语文化教学中,进行有效的组织和安排是其中的一大关键要素。根据建构主义理论,英语学习的关键在于教师分组,并组织学生完成学习任务。通过学生彼此之间的协作,教师与学生构建一个共同体,实现师生之间、生生之间以及他们与媒体之间的互动。

在协作中,学生的图示会被不断激活,从而建构更为全面、准确的语言意义。通过协作,可以不断调动学生学习的积极性,激发学生学习的思维与智慧,使整个团队完成意义的建构。

在具体的大学英语文化教学中,教师应该从文化主题出发,为学生建立一些具有可操作性的教学任务,并对任务的内容给予具体的要求与建议。之后,教师对学生进行分组,确保组内成员之间的差异与互补,让小组内成员与成员之间实施互动与交流,对教师交代的任务进行归纳、总结,从而最终掌握文化知识,提升自身的跨文化交际能力。

三、深化大纲,加强大纲理解

教学大纲是教学所要遵循的根本大法,但是大纲中对文化教学的内容、目标、方法或要求并没有明确的描述。大纲对听、说、读、写等知识性学习与技能性训练的指导相当成熟,而且十分完备,而对文化学习还没有给予充分的重视。

语言教学如不讲文化,则会变得单调枯燥,缺乏美感;讲文化,现实上又缺乏一定的指导。所以,教师只能对大纲进行理解与深化,领略大纲精神,依据大纲原则,结合学校情况以及学生专业特点,制订出与本校情况相符的文化教学原则,对教学内容、目标以及基本要求加以确定,从而使语言课更有趣,更有深度,促进学生人文素养的提高。

四、理解材料,开发优质教材

教师只有首先对教材有深入的理解,在课堂上才能做到张弛有度,才能激发学生的积极性。教师对教材的深刻品读,一个词语、一个语言点、一个文化现象,均能结合个人的积累在课堂上做深入的拓展。

教材中罗列出所有的知识和技能是很难的,因此教师需要考虑班级的实际情况,对学生感兴趣的话题展开补充,这样更具有针对性。

有时候,教师可以开发一些与文化学习相关的材料,这样能够与学生的文化学习需求相符合。

五、组织会话,展示学习成果

在"互联网 +"背景下的大学英语文化教学中,会话是必不可少的组成部分,学习小组之间往往需要会话与协商,对教师交代的任务予以完成。在小组会话的过程中,每一位学生都能发散自己的思维,并与组内成员进行分享,最终实现学习任务意义的建构。

当学生讨论完成之后,教师可以让学生对成果进行展示。当然,可以采用角色扮演形式,也可以采用演讲或者情境模仿等形式。在展示的过程中,学生可以使用录音材料,也可以使用 PPT 课件。通过展示学习任务,教师可以充分了解学生是否掌握了文化知识,从而为下一步的学习做准备。

例如,在做演讲时,教师可以让小组内所有成员都参与其中,共同配合完成演讲。根据教师提出的问题,对任务完成情况进行汇报。其他小组在听取演讲的过程中,对其中存在的问题进行记录,等到小组演讲完成之后,可以提出问题并要求解答。通过这一过程,全班所有成员都会扩大自身的知识面,尤其是对英美习俗、英美文化背景知识等有系统的了解与把握。

六、塑造角色,提升教师素质

教师可以通过以下策略来提高自身文化素质。

(一)尊重文化差异,建立平等的文化观

各民族文化都有其独特的魅力,文化没有优劣之分。对于存在的文化差异,我们应予以承认、尊重、欣赏,同时注意将异域文化与本民族文化进行比较,进而取长补短,使本民族文化得以丰富,在与不同文化交流的过程中促进本民族文化的发展。

(二)重视与文化相关的教研、科研活动

文化方面的科研、教研活动可以揭示教学规律,对教学实践具有重要的指导作用。反过来,教学实践能为教研、科研提供及时的反馈。开展教研和科研活动,从而形成以科研和教研促进教学、教学为科研提供支持的良性循环。

七、创设情境,营造文化氛围

语言是在一定的语境中形成的。建构主义理论指出,人是知识的建构者,知识的建构需要人与环境的交互。在意义建构的过程中,前提需要创设情境,尤其是创设真实的情境。教师应该创设信息丰富的环境,这样便于为学生提供真实的语言情境,让学生学习到地道的语言。当然,互联网技术的发展为推进建构主义学习理论深入发展提供了环境。

由于互联网技术的信息容量大,传输速度也非常快,因此在大学英语文化教学中,运用互联网技术能够使大学英语文化教学更具有模态化,能够为学生提供容量更为丰富的资源与信息,这是输入英语的主要途径与方式。同时,当学生置身于真实情境中,就能够体验英语的美与快乐,从而增强自身对于英语的认知与理解,激发学生学习英语的主动性与积极性。换句话说,在学习英语的过程中,不断提升自身的文化能力。

另外,教师可以让学生参与一些"暑假英语夏令营""语言学习示范中心"等活动,这是英语学习的第二平台,使他们将课堂上学习的知识运用到具体的实践中,创建丰富的英语体验环境,提升学生的跨文化交际能力和英语应用能力。

第九章 "互联网＋"背景下大学英语教学评价的多元发展

高等教育的网络化对大学英语教学提出了新的要求,其不仅要求大学英语教学更新理念、改变方式,还要求对教学评价进行反思与评价。现代大学英语教学的突出问题就是教学评价存在不完善、不合理的层面。因此,当前的大学英语教学应该以互联网作为支撑,对教学评价体系进行改变,使教学评价更具有多元化与科学性。本章对"互联网＋"背景下的大学英语教学评价的多元发展进行研究。

第一节 大学英语教学评价简述

一、教学评价的界定

很多人一提到评价,就将其与评估、测试等同起来,其实三者有着一定的区别与联系。简单来说,测试为评估与评价提供依据,评估为评价提供数据,评价是对教与学效果的整体评估。三者的关系可以表示为图9-1。

从图9-1中可知,三者有着紧密的联系,又有着明显的区别。就关系层面来说,三者体现了一种包含与层级的关系。测试充当其他两者的支撑信息。在包含与层级关系的同时,三者又存在明显的区别,具体表现为如下三个层面。

三者的目标不同。就某一程度来说,测试主要是为了满足家长、学校的需要,因为他们需要知道自己孩子或学生的情况,与其他学校是否存在差距。当今社会仍旧以应试为主,因此测试为家长、学校提供了很多信息,也是家长、学校关心的事情。评估主要是为教师、学生提供依据,如学习效果、学习中遇到的问题等,有助于教师提高教学的质量,也有助于学生提高自身的学习效率。评价有助于行政部门制订政策,对教学进行合理配置。可见,三者的作用不同,导致开展的范围与采用的方式也有明显的不同。

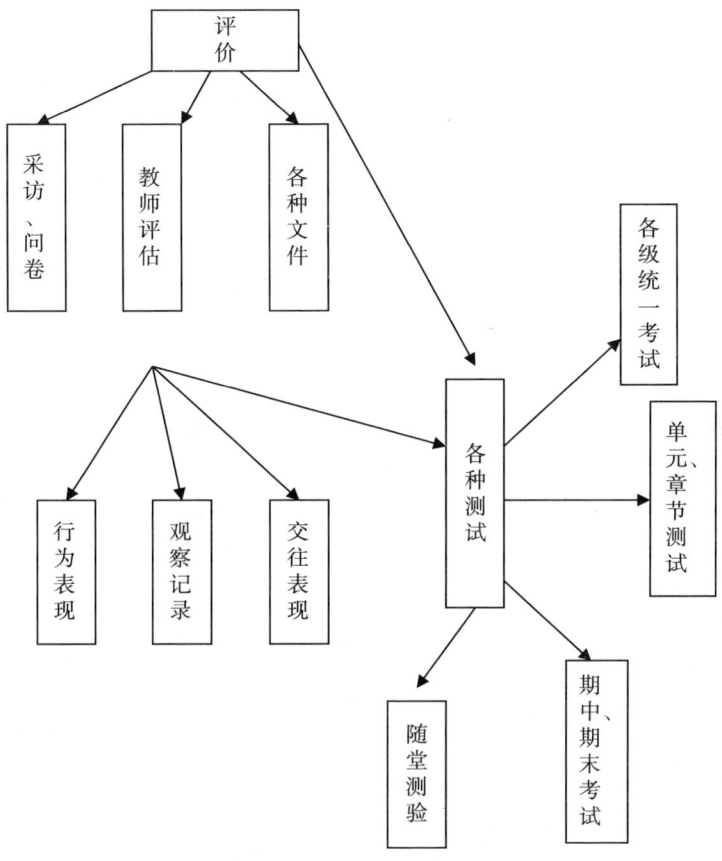

图 9-1 评价、评估与测试的关系

（资料来源: 黎茂昌、潘景丽,2011）

三者的数据信息不同。测试所收集的数据一般是学生的试卷信息,反映的也是学生的语言水平。从学生的语言运用能力来说,有些部分是无法用测试来评判的。评估可以划分为终结性评估与形成性评估两大类,前者依据的是测试,后者依据的是教与学的过程,注重学生对任务的完成、概念的理解等层面。当然,其依据更多的是定性分析,而不是定量分析。评价所依据的信息多为问卷、访谈、测试、教师评估等,是定量分析与定性分析的结合,是一种综合性评估。

三者的展示方式不同。测试的展示方式往往是考试,最终结果也通过分数排序来展现。相比之下,评估与评价往往是以鉴定描述或等级划分的方式展现出来。

总之,评价在人们的社会活动中广泛存在。有人认为:"评价是确定课程能否达到既定目标的一种手段。"也有人认为:"评价是运用不同的渠道,对学生的相关资料加以收集,并将这些收集的资料与预定的标准相比较,进而做出判断与决策的过程。"还有人认为:"评价是对相关信息进行收集、综合、分析,从而用这些信息促进课程的发展,对课程的效度、参与者的态度进行评定。"但是,更多的人将评价等同于价值判断。就英语教与学来说,评价指的是学生能否达到某项能力,学生能够实现课程目标,教师的教学与学生的学习能否帮助学生实现既定目标的一种判断手段。

二、教学评价的划分

由于评价的方式、内容等存在明显的差异,因此对评价的划分也有所不同,具体而言可以划分为如下几种。

（一）过程性评价与目标达成评价

所谓过程性评价,即在学习过程中,对学生的学习活动进行评价与判断,目的在于将学生的学习行为能否与学习目的相符解释出来,用于评判学生能否实现学习目标。评价的内容包含学习策略、阶段性成果、学习方式等。

目标达成评价既可以是对课堂教学目标达成情况的评价,也可以是对单元学习目标达成情况的评价,还可以是对学期教与学目标达成情况的评价,其包含理解类、知识类与应用类三种目标达成评价方式。理解类目标评价方式表现为解释与转化,往往会采用阅读理解、听力理解等方式,或对阅读文本、听力文本进行选择与匹配等。知识类目标评价方式主要表现为对知识掌握情况的评价,并采用再次确认的方式,一般选择填空都属于这类评价方式。应用类目标评价方式即采用输出表达的方法,要求学生根据阅读与听力材料进行转述或表达。

（二）表现性评价与真实性评价

所谓表现性评价,是指让学生通过完成某一项或者某几项任务,将自身所掌握的知识与技能表现出来,从而对其获得的成就进行评价。简单来说,表现性评价就是通过对学生完成任务的表现情况及获得的成就进行的评价。表现性评价属于一种发展性评价,其核心在于通过学生完成现实的任务,将自身所掌握的知识与技能展现出来,从而促进自身学习的进一步发展。一般来说,表现性评价具有如下几点特征。

（1）属于教学过程的一部分,其要与课程教学相互整合。

（2）关注的是学生知识与技能的发展,而不是对知识与技能的再次确认与回忆。

（3）一般情境都是真实的,往往需要学生将现实学习中遇到的问题进行解决。

（4）学生需要完成的任务一般较为复杂,往往需要学生将多个学科的知识与技能相融合。

（5）对于学生的发散性思维是非常鼓励的,也允许不同的学生给出不同的答案。

（6）形成性评价与终结性评价的结合。

综合来说,表现性评价有助于对学生的学习过程与学习结果展开更真实、更直接的评价,能够将学生的文字、口头等表达能力以及想象力、应变能力等很好地展示出来,因此对英语教学是非常适用的。

所谓真实性评价,是指基于真实的语境,对学生的表现进行评价,是一种要求学生完成真实任务之后,对自身所学知识与技能的掌握与运用情况进行的评价。与表现性评价相比,真实性评价更加强调真实,即任务的真实,一般来说其任务都是人们现实生活中遇到的问题。

真实性评价也具有表现性评价的那些特征,是表现性评价的一大目标。由于真实性评价要求评价成为教学过程的一个重要组成部分,因此真实性评价也具有形成性评价的特征。同时,真实性评价又注重任务的整体性与情境性,对终结性测试有很大的影响,因此真实性评价又具有了终结性评价的特征。可以说,真实性评价融合了多种评价手段,是多种有效评价手段的结合。

（三）形成性评价与终结性评价

所谓形成性评价,即在教与学的过程中,通过对信息进行收集与整合,进而促进教与学的发展。简单来说,形成性评价即在教学过程中,教师与学生获得反馈信息,对教与学加以改进,让学生真正地掌握知识的系统评价手段。一般来说,形成性评价具有如下几个特点。

（1）往往作为教与学的一部分而在教与学的过程中呈现。

（2）不是将等级划分作为目标,而主要将指导、诊断、促进等作为目标。

（3）学生往往充当主体并参与其中。

（4）评价的依据是在各个情境下学生的表现。

（5）通过有效的反馈，教师确定学生的水平是否达到预期。

形成性评价集过程性评价、真实性评价、过程性评价为一体，因此对大学英语教学有着广泛的意义，具体而言总结为如下几点。

（1）改进学生的学习

形成性评价可以将教材中的问题凸显出来，这便于改进学生的学习。教师在批改完了之后，会将试卷返回给学生，学生通过与答案进行比对，从而发现自己学习中存在的问题，并进行改正。

如果教师在评阅时发现很多学生都会遇到同一问题，这时候教师可以在课堂上进行讲解，为大多数学生答疑解惑。

当然，由于面对不同的学生，教师在给出建议时要考虑符合学生的形式，单独进行讲解，这样才能让学生把握和理解。

（2）强化学生的学习

形成性评价有助于对学生的学习进行强化，因为学生通过教师的肯定，能够激发他们进一步学习的积极性，从而提升自己的认知与情感。

（3）记录学生的成长

无论学生学习什么内容，都期待自己可以获得进步。同样，在形成性评价中，教师需要根据学生平时的表现来进行评价，无论是每一堂课的表现还是每一个单元的表现，教师应该将这些表现记录下来，从而构建一个成长记录袋或者电子档案，这不仅可以为之后的评价提供依据，还可以为终结性评价提供参考。

所谓终结性评价，是一种对教师的教学与学生的学习结果的评价，是在教学结束之后，对教与学目标实现程度所进行的评价。因此，其又可以称为"总结性评价"。从定义中可以看出，终结性评价往往出现在教与学结束之后，用于对目标达成情况进行的评价。因此，这一评价方式有时可以等同于之后要讲述的目标达成评价。

对于教学而言，终结性评价是一个普遍的评价手段，但是其作用是不可磨灭的，具体表现为如下几点。

（1）评定学生的学习成绩

在教学中，终结性评价最常见的用途在于评价学生的学习成绩。通过平时测试、期中与期末测试，教师可以了解学生是否有所进步、是否实现既定目标，从而为学生下一步的学习提供建议。

一般来说，终结性评价的总体成绩是平时测试、期中测试、期末测试的综合体。也就是说，在进行评价时，教师应该把这些成绩综合起来评定，最终获得学生的总体成绩与平均成绩。

（2）确定学生的学习起点

终结性评价的结果可以为学生进一步的学习提供依据，同时能够反映出学生的情感与认知。但是，要想将这一评价发挥到最大作用，还需要结合学生具体的分数，以及教师对学生的评语，这样才能帮助教师做出合理的评价。

（3）对学生的学习提供反馈

终结性评价大多在某一阶段结束之后或者某一学期结束之后展开。如果其测试的是学生某一阶段的学习情况，那么所选择的试题应该能够反映学生这一阶段的学习情况，这就是说这一阶段的终结性评价可以为学生前一阶段的学习提供反馈，这种反馈具有鼓励性与积极性，同时能对前一阶段学习中出现的问题进行纠错。

如果其测试的是学生某一学期结束之后的学习情况，那么对所选择的试题应该进行合理的编制，并且对学生的学习情况进行恰当评分。同时，学生可以从自己的测试结果中获取有效信息，从而改进自己的学习情况，了解自己学习中存在的问题以及成功之处，这些信息有助于为下一学期的学习确定目标。

三、英语教学评价的功能

英语教学评价能够不断促进学生在学习过程中的成功与进步，从而使学生能够真正地认识自我，促进他们综合能力的发展。另外，英语教学评价能够为教师提供反馈信息，从而不断改进自己的教学情况，提升自身的教学水平。总体而言，英语教学评价有如下几点功能。

（一）导向与促进

英语教学评价应该有助于英语教学目标的实现。我们知道，英语教学评价不仅需要评价学生对知识的掌握情况，还需要评价学生的学习态度、发展潜能等，只有通过综合性评价，学生才能在英语学习中持有积极的态度，从而形成有效的学习策略，并且具备跨文化的意识。英语教学评价应该为英语教学目标服务，这样就要求学生应该从目标出发，对自己的学习计划加以制订，并不断检验自己的学习方法与学习成果，这样才能将自身的潜力挖掘出来，提升自身的学习效率。因此，英语教学评价对于学生来说有着积极的导向作用。

英语教学评价会对学生日常学习表现、学生学习中获得的成绩、学生学习的情感与态度等展开评价,通过对学生学习的激励,可以帮助学生对自己的学习过程加以调度,让他们逐渐获得自信心与成就感,培养学生之间的合作精神。为了让评价与教学过程有机融合,学校与教师应该采用宽松、开放的评价氛围来评价学习活动与效果,可以建立相应的档案袋等,这样对教师与学生进行鼓励,从而实现评价的多元化。

(二)诊断与鉴定

英语教学评价对教与学的情况进行了整体评判。在教学过程中,学生往往会通过评价量表等对教师的教授情况、学生的学习情况展开检测,这样便于学校、教师、学生了解具体的教与学情况,判断学生学习过程中有无偏差,从而找出出现问题的原因,加以改进与提高。

(三)反馈与调节

师生通过问卷访谈等,发现教与学中的优点与不足,对教与学过程中的得失进行评价。通过评价,教师以科学的方式反馈给学生,促进学生建立更为全面与客观的认识,为下一阶段的教与学规划内容与策略,有效地开展教与学活动。

(四)展示与激励

英语教学评价对学生的学习过程是非常关注的,让学生认识到自身学习中的成功之处,不断鼓励自己,获得更大的成功。当然,教师还需要适当地提点学生学习中的错误,让他们产生一种焦虑感,从而更加勤奋地参与到英语学习中,这种正反鼓励方式会不断提升学生学习的主动性与积极性。

第二节 "互联网+"背景下大学英语教学评价的意义

互联网教学是互联网技术与现代教育紧密结合的产物。为了能够使互联网技术更好地融入大学英语教学,在进行计算机设置时,需要考虑如下几点问题。

（1）解决互联网教学的信息资源问题。

（2）解决互联网教学的课程改革问题。

（3）解决互联网教学中师资力量的培训问题。

（4）及时对互联网教学进行评价。

因此，"互联网+"背景下的大学英语教学评价意义非凡，是当前互联网教学的重要组成部分。

首先，"互联网+"背景下的大学英语教学能够对学生的学习情况进行监控，保证学生学习的质量，促进学生学习的进步与发展。根据学生在学习中的情况，对其学习态度、学习过程等展开评价，有助于为学生的学习计划与学习调节等提供支持。根据评价的结果，教师能够对学生的英语学习加以指导，对学生学习中存在的问题提出意见，并让学生进行弥补，从而将学生的潜能发挥出来。

其次，"互联网+"背景下的大学英语教学评价还有助于教师的进步与发展。这是因为，教师评价的目的主要是对教师工作现实和潜在价值做出判断。

第三节　"互联网+"背景下大学英语教学评价的原则

一、主体性原则

所谓主体性原则，即英语教学评价主体需要考虑教学价值主体本身——学生的需求，对教学价值客体进行评价。

在学习中，学生处于主体地位，但是传统的英语教学评价仅将教师作为核心地位，认为教师充当的是教育主体的地位，是知识的灌输者，而学生仅是知识的被动接受者，这样导致教学评价主要是针对教师来说的，评价的内容也主要是教师的教学情况。表9-1是一个对教师评价的典型体现。

表9-1　教师课堂教学评价表

项目	内容	权重	得分
教学目标	（1）是否体现明确的教学目标、教学大纲、教材的特点，是否与教学实际相符 （2）是否落实了教学知识点，是否培养了学生的能力 （3）是否将德育教育寓于知识教育之中	15	

项目	内容	权重	得分
教学内容	（1）教材的处理是否恰当,是否突出了重难点,是否突破了重难点 （2）教学组织是否有清楚的条理,是否简明扼要,是否准确严密,是否难度适中 （3）教学训练是否定向,是否有广度,是否保证强度适中	25	
教学方法	（1）教学的设计是否得当,是否体现了教学改革的精神,是否处理好主导与主体之间的关系问题 （2）教学是否有合理的结构,是否做到教学方法的灵活性,是否将各个环节分配恰当 （3）教学是否有开阔的思路,是否采用现代化的教学手段,是否能够将学生的学习兴趣激发出来 （4）教学是否注重学习方法与学习习惯的指导	25	
教学基本功	（1）教学中是否运用了清晰、生动、规范的语言 （2）教学中是否保证书写的清晰与特色鲜明 （3）教学中是否有自如的神态且保证大方得体	15	
教学效果	（1）教学中是否保证热烈的气氛,是否给学生留下了深刻的印象 （2）教学中是否能够面向全体同学,是否完成了教学任务,是否实现了良好的教学效果	20	
综合评价		总分:	等级:

（资料来源：任美琴,2012）

显然,从表9-1中可知这类评价主要是评价学生能否接受教师传授的知识以及接受的程度;评价学生的学习情况来对教师的教学内容与教学方法的合适程度进行审查;评价教师的学习策略是否得当等。简单来说,这种教学评价是为教师服务的,并没有展现出学生的主体地位。

当前的教学强调有效教学,即发挥学生的认知主体地位,因此教学评价的对象需要从以教师为主导转向以学生为主体,对学生学习情况的评价内容与手段应该从单一转向多元,如对学生学习动机、学习兴趣等都可以进行评价。如此,教学评价的对象才能转向学生,当然这里并不是说不对教师进行评价,只是说以学生的评价为着眼点,为学生创造更多适合学习的环境,对教师的评定标准也是通过考虑学生来制订的。

因此,主体性原则要求将学生作为评价主体,即评价活动以学生的发展作为目标,评价设计要有助于学生的多元化、个性化发展,发挥学生的主观能动作用,帮助学生形成积极的态度,同时不能损害学生的自尊心,要对学生予以爱护与尊重。

二、过程性原则

英语教学评价应该坚持过程性原则,这主要体现为两点。

其一,要全程性,即评价要在学生学习的全过程得以贯穿。

其二,要动态性,即对发展过程加以鉴定、诊断、调控等,对整个过程的发展方向加以把握。

英语教学评价对于过程评价非常关注,正是这一点,有助于提升学生的学习兴趣,增强学生英语学习的动机与主动性,从而有助于他们的自主学习。

三、多样化原则

英语教学评价应该坚持多样化原则,这主要体现为三大层面。

其一,评价主体要多样化,即不仅涉及教师,还涉及家长、学生等,通过宽松、开放的评价氛围,对教师、家长、学生的参与予以鼓励。

其二,评价形式要多样化,即对学习过程予以关注,要从不同的内容与对象出发,考虑采用自评、互评等评价方式的多元化。

其三,评价手段要多样化,即可以是教师观察,可以是学生量表等,教师从不同学生的学习差异与策略出发,采用恰当的评价手段,选择适合他们自己的评价方式,从而彰显出学生自身的优势,让每一位学生都可以体会到成功的喜悦。

四、实效性原则

英语教学评价强调实效性,即主要是从教育的现实意义与评价行为等层面考量的,其要求在具体的评价实践中,能够将评价的实用价值体现出来。

英语教学评价的实效性原则体现在评价方式上是非常方便的,即不要使用烦琐的程序,但是要保证评价的时机与质量,因此在设计评价内容与方式时,不能与英语教学的目标相脱离,要非常关注评价之后产生的实际效果。

五、发展性原则

英语教学评价应该为学生的发展服务,注重学生信心的树立,发现学生发展过程中所出现的问题,通过反馈对这些问题进行解决,促进他们更好地向前发展。对于发展性原则,一般包含如下几点。

其一,发展性原则要求英语教学评价应该从学生主体出发,将学生的需求作为出发点与落脚点。

其二,发展性原则要求英语教学评价的目的是促进学生的发展,即只要是对学生发展有利的层面,任何手段与技术都可以运用其中。

其三,发展性原则要求英语教学评价对每一位学生的个性特点与原有基础有所把握与关注,从而为每一位学生获得最佳的发展而做出努力。

通过评价,教师才能更好地引导学生对自身的原有基础、认知水平等进行鉴定,认识自己在发展过程中的不足,从而有针对性地进行改进与调整,对自己的学习过程进行优化,使学生获得最佳的发展。除此之外,发展性原则还要求教师对学生的态度、情感等进行关注,以帮助学生形成正确的价值观。

第四节 "互联网＋"背景下大学英语教学评价多元发展的路径

一、网络评价系统设置

在网络影响下,英语教学评价体系也得到了进一步完善与发展。当前,基于互联网技术构建的英语评价系统有如下几个方面。

(一)网络实时评价系统

网络实时评价系统以网络通信手段为依托,通过利用文字、图像、音频、视频等方式进行相互交流,在沟通过程中实现具体的评价。利用这一评价系统,学生可以不再受时间、空间方面的限制,及时获取教师的有效反馈。这一系统可以帮助教师有效监控、管理学生的学习,可以大大提升学生的学习效率。

(二)网络考试系统

网络考试系统通常涉及针对学生的考试系统、题库系统、自动批阅系统等。学生可以随时随地登录这一系统,通过从题库中抽取试题进行回答,在完成之后就会给出结果,系统会对学生的题目回答情况进行评判。教师可以利用这种系统进行阶段性测试或者综合性测试,学生也可以自由控制题型、时间、难度等。网络考试系统通常可以自动生成答案,并且给出评估报告,对学生的学习风格、学习效果、学习倾向等进行汇报。

（三）网络答疑系统

网络答疑系统一般包括在线讨论、互动交流两种形式。当前,很多外语教学网站中都设置了在线互动讨论区,学生在这个讨论区中可以自由发帖发表自己的学习看法与成果,并通过回帖与其他学生进行沟通与互动。网络答疑系统可以对学生提出的知识难点进行记录,教师可以通过系统记录的难点分析学生的学习情况,进而发现自己教学中存在的问题,及时调整与改变教学策略。通过网络答疑系统的搜索引擎功能,学生可以通过关键字搜索等技术快速得到问题的答案。

（四）网络多媒体考试系统

网络多媒体考试系统是网络在线考试系统进一步改进之后所形成的。在传统文本考试的试卷上,网络多媒体考试系统增加了一些多媒体数据,如音频、视频、图像、漫画等,利用虚拟现实技术组建虚拟的考试环境,非常适合运用到英语网络教学评价中。网络多媒体考试系统使全面、多元的评价成为可能。

二、互联网技术评价法

互联网技术评价法的评价过程可以划分为制订评价标准、应用评价标准进行测量、划分测量结果等级、给出评价结论四个步骤,如图 9-2 所示。

（一）制订评价标准

制订评价标准的过程就是把评价目标的主要属性细化为一系列具体、可测量的指标的过程。划分好的指标构成一个相对完整的评价指标体系,它能反映评价目标的主要特性。在构建评价指标体系时,应该注意列举能够反映目标的哪些主要特性,对于重叠、交叉的指标需要进行一定的合并。下面来看一则多媒体作品质量评价案例。

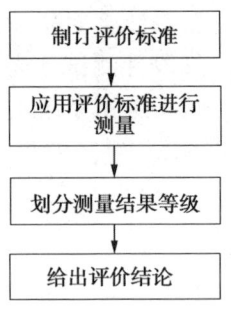

图 9-2 评价过程

（资料来源：赵波、段崇江、张杰，2014）

因为多媒体作品的质量难以直接观察到，因此首先需要列举能够反映多媒体作品质量的主要指标，如内容、界面、技术等。可以看出，这些指标仍然不够具体，难以测量，因此需要把这些指标进一步划分，如反映多媒体作品质量的内容特性，可以从主题是否明确、内容是否科学、文字是否通顺、有无错别字来判断。通过这样的方式直到划分出的每一个指标都能够代表评价目标的主要特性，并且每一个评价指标都是明确、可测量的。经过划分后可以得到多媒体作品质量评价的一个指标体系，如图 9-3 所示。

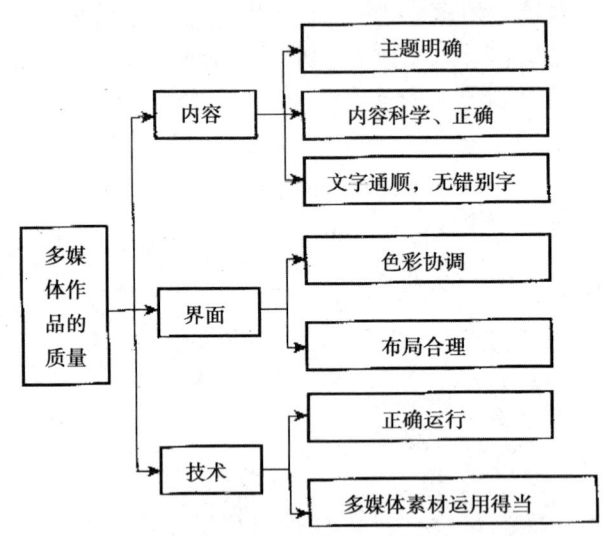

图 9-3 多媒体作品质量评价的一个指标体系

（资料来源：赵波、段崇江、张杰，2014）

每一个指标对于反映评价目标来说，它们的重要性程度是不一样的，重要性程度用权重来表示。可以给每一个指标赋予一定的分值，这个分值反映了这个指标在整个指标体系中的权重。确定指标权重有专门的方法，如专家评定法、层次分析法等。在教学过程中，教师也可以依据自己的经验来划分，但是这样划分的结果其可信度往往会受到怀疑。教师可以给多媒体作品质量指标体系赋予分值，如图9-4所示。

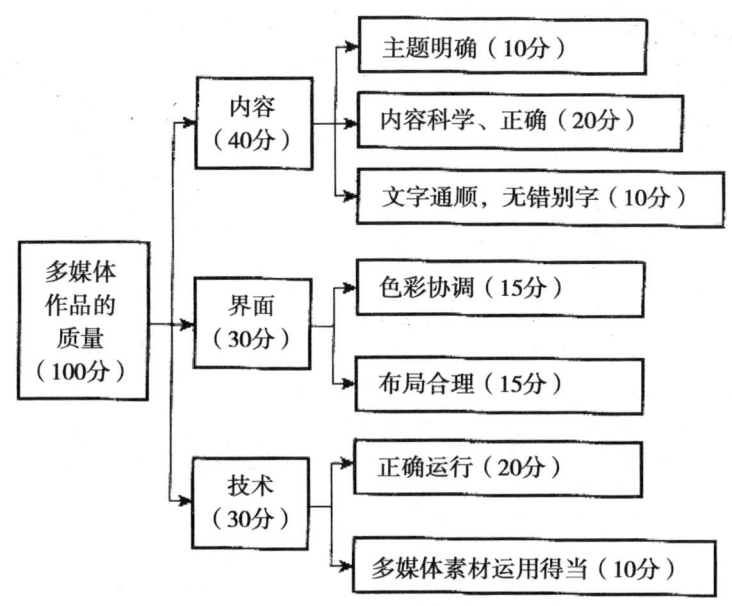

图9-4　多媒体作品质量评价指标体系及指标权重

（资料来源：赵波、段崇江、张杰，2014）

（二）进行测量

　　测量是依据评价指标体系，用数值来描述评价对象属性的过程。测量是一个事实判断的过程，即测量是反映评价对象的客观状态，不对这种状况进行主观评判。凡是测量都需要有测量的标准或法则，这是测量的工具。教学中的测量工具不像测量身高用的皮尺、测量体重用的秤一样直观，需要评价者按照评价标准中的每一个指标对评价对象做出实事求是的判断。依据图9-4，可以制作出测量多媒体作品质量评价表，如表9-2所示。

表 9-2　多媒体作品质量测量表

评价目标	一级指标	二级指标	得分
多媒体作品质量（100分）	内容（40分）	主题明确（10分）	
		内容科学、正确（20分）	
		文字通顺、无错别字（10分）	
	界面（30分）	色彩协调（15分）	
		布局合理（15分）	
	技术（30分）	正确运行（20分）	
		多媒体素材运用得当（10分）	
总分：			

（资料来源：赵波、段崇江、张杰，2014）

（三）划分等级

教师需要对评价对象实施测量以后的测量结果进行界定，界定这个结果达到了什么程度。对测量结果的界定通常采用划分等级的方法，比如，在以百分制计分的测量里，一般把90分以上称为优秀，80—90分称为良好，70—80分称为中等，60—70分称为合格，60分以下称为不合格。在划分测量等级时，采用了定量评价与定性评价相结合的方式，这样能充分发挥定量评价和定性评价的优势。

（四）给出结论

评价的最后一步是根据测量结果对评价对象进行价值判断，给出评价结论。评价结论包含了被评价内容能否通过评价的判定，有时候也会对评价对象达到什么水平进行界定，并且对评价对象的优势与不足做出判断。根据以上的过程来看信息技术教学评价，可以发现教学中通常采用的纸笔考试并不是评价的全部。考试是评价中的测量环节，考试成绩（即测量的结果）并不是评价要得到的唯一和最终结果，如何使用学生的考试成绩是每一位教师都应该关注的问题。

三、网络测试法

在"互联网＋"背景下，测试是最基本的方式。一般来说，测试分为：网络随堂测试、网络期中测试、网络期末测试三种。

网络随堂测试是指在一节课中对当次课堂教学的知识和技能进行评价的方式。这种评价应该围绕教学目标,对当次课的教学重点和难点进行测验,以检测学生的学习效果。在开始上课时教师还可以组织诊断性评价,对以往学习的知识和技能进行测验,了解学生对原有知识和技能的掌握情况,为本次课的教学提供支持。课堂测验属于形成性评价,为改进教学提供了依据。

网络期中测试通常是在一个学习单元或模块学习结束以后,对整个模块涉及的主要教学目标进行测验。单元测验主要检查学生对整个单元、模块知识和技能的掌握情况。网络期中测验涉及的教学目标比课堂测验多,在进行测验时应该设置对单元、模块知识和技能综合运用的项目,涉及的教学目标类型往往为掌握、分析、综合、评价层次,以检测学生的总体把握情况和对单元知识灵活应用的能力。网络期中测验属于形成性评价,是为改进整个单元、模块的教学服务的。

网络期末测试是对课程的总结性评价,是检查学生学习成果和教师教学效果的重要方式。网络期末考试应该从课程整体目标中的重点、关键点、难点出发,检查学生对基本概念、基本技能、核心知识、主要方法等的掌握情况。网络期末考试可以采用上机测验、作品制作等相结合的方式进行。在评价时可以兼顾学习过程中学生的表现,最后对学生做出总体评价。

四、学习档案评价法

学习档案评价法是当前应用较为广泛的评价方法。所谓学习档案评价法,是指对学生个体的各种信息进行收集。一般来说,收集的内容具有多样性与动态性。

学习档案积累的材料代表的不仅仅是结果,而是学习过程与学习活动,其包含选择学习内容、比较学习过程、进行目标设置等。学习档案评价可以有效提高学生的自主学习能力。

在档案建立之前,教师可以组织家长与学生阅读学习大纲,理解档案构建的必要性,并对如何构建、使用进行指导,为以后有效地使用档案袋做准备。一般来说,构建的流程如图9-5所示。

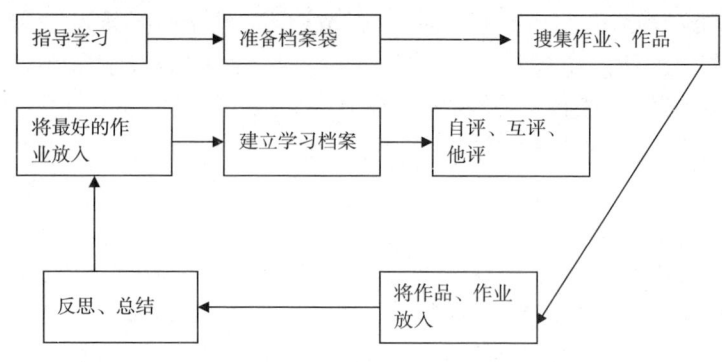

图 9-5　学习档案构建流程

（资料来源：任美琴，2012）

五、自我评价表

自我评价表（self-evaluation questionnaire）的设计可以采用量规（rubric）方式，也可以采用问卷调查表的形式。

（一）量规

量规是一种结构化的定量评价标准，往往是从与评价目标相关的多个方面详细规定评级指标，具有操作性好、准确性高的特点。

在评价学生的学习时，运用量规可以有效降低评价的主观随意性，可以教师评，也可以让学生自评或同伴互评。如果事先公布量规，还可以对学生学习起到导向作用。此外，让学生学习自己制订量规也是很重要的一个评价方法，如表9-3所示。

表 9-3　量规

What do you think of your English learning？ Name： Date： Unit：				
	Excellent	Good	Fair	Needs improving
Listening				
Speaking				
Reading				
Writing				

（资料来源：任美琴，2012）

（二）问卷调查

问卷调查是通过提问题,让学生根据自己的实际情况进行判断,并做出回答。问卷调查表可以帮助学生通过回答预先设计好的问题来产生某种感悟,从而促使他们对自己的学习过程和学习结果进行重新审视和修改,提高他们的综合学习能力。

第十章 "互联网+"背景下大学英语教师的专业发展

目前,大学英语教师专业发展问题是信息时代学者们关注的重点话题之一。基于"互联网+"背景,大学英语教师需要通过多种途径来提升自身的教学能力。换言之,在"互联网+"时代背景下,大学英语教师的专业发展备受瞩目。为此,本章就针对"互联网+"背景下大学英语教师的专业发展进行分析。

第一节 大学英语教师专业发展简述

一、教师专业发展的定义

自 20 世纪 80 年代以来,教师专业发展的问题得到了学术界和教育实践界的高度重视。教师专业发展成为教师教育的一个核心问题。因为教师教育的质量和水平的高低直接影响着教育事业能否实现健康、持续的发展。

教师专业发展的内容,包括专业精神的发展、专业知识的发展、专业能力的发展、专业自我的发展。另外,教师的现代素质也尤为重要。比如,教师是否拥有健康的体魄和良好的心理素质、是否拥有创新的精神和能力、是否拥有教育研究的意识与能力、是否能够熟练运用现代教育技术、是否具备浓厚的法律法规意识等,这些都是现代教师必备的职业素质。可以说,在每一个实现专业化发展的教师身上,都能看到这些素质自然而和谐地共存。

二、教师专业发展与教师继续教育

如前所述,教师专业发展具有三种含义,下面分别就前两种含义与教师继续教育概念的区别与联系进行论述。

教师专业发展的第一种含义是把教师专业发展理解为教师个体的、内在的专业素质提高的过程。这一含义强调教师专业提升的个人能动性、持续性。这种含义与教师继续教育概念的区别有以下两点。

（1）前者旗帜鲜明地指出了教师继续教育的目的，即教师个体的、内在的专业素质的提高；后者的侧重点在于表明促进教师专业发展的手段，即教师在职进修和在职培训。

（2）前者强调教师专业发展的个人能动性和主动性，后者强调培训部门在教师专业素质提升中的功能，把教师专业素质的提升作为一个外在的、被动的活动。

二者的联系有以下两点。

（1）教师继续教育是促进教师专业发展的手段之一，此外促进教师专业发展的手段还有教师个体自主学习以及其他非正式的学习等。

（2）二者均强调教师专业素质的提升是个终身学习的过程。

教师专业发展的第二种含义是把教师专业发展理解为促进教师专业成长的途径和策略，即教师教育。其与教师继续教育的区别在于：前者包括教师的职前培养和继续教育。二者的联系在于：在职教师的专业发展指的就是教师继续教育，当然也包括在职教师个体的自主学习以及其他非正式的学习等。本书所言的教师专业发展指的就是一切促进在职教师专业成长的途径和策略，在外延上包括教师继续教育（或教师培训）、教师自主专业发展活动以及各种非正式学习和偶发学习。

从上述分析来看，不管对教师专业发展持何种理解，教师专业发展与教师继续教育在教育指导理念与关注点上存在着一定的差异。教师专业发展是把教师看作一个主动的、持续反思自身实践的人，教师继续教育则是从外部要求的角度来看待教师的发展，潜在地把教师理解为一个被动的、需要外部推动其学习的人。

三、教师专业发展的意义

在教师专业发展的进程中，教育界人士进行了坚持不懈的探索，向世人展示了教师专业发展的内在魅力，也体现了教师专业发展对教师个人、教师职业和社会的深刻意义。

（一）有利于人们重新审视教师的职业性质

长期以来，在公众和社会舆论方面，对教师职业强调的主要是知识传授方面的要求。由于学生所学内容的浅显性,使得相当多的人并不看重教师作为专业人员的理论水平与特殊能力。教师专业化的推进将有利于改变人们对教师职业性质的认识。它能让人们意识到,教育过程不是简单的传授过程或塑造过程,而是由师生共同构成的一个互动过程。

(二)有助于优化教师素质

在学校教育过程中,教师的作用主要在于向学生传授知识,开发学生的智力;培养品德,启迪学生的心灵;指导学生锻炼身体,增强学生的体质。教师承载着千万青少年儿童的未来和希望,肩负着开启民智、传承文明的使命。社会上的每种职业都有各自的素质规定,具有较强专业性的教师职业对于专业素质的要求也很高。教师仅具备一个现代人的基本素质是远远不够的,还必须具备教师职业所需要的特殊的专业素质。教师承担的使命要求教师必须具备合格的思想政治素质、科学文化素质、教育理论素质、教育能力素质、身体和心理素质等。此外,社会的进步、科技的发展以及知识经济时代的到来,对教师素质也提出了越来越高的要求。教师专业素质的提高不再是依靠职前系统定向培养一次性完成,而是需要延伸和覆盖教师的整个职业生涯。教师专业发展给教师个体和群体都提供了优化素质的途径。

(三)有助于促进教师职业成熟

教师专业发展对教师职业的促进作用体现在以下几个方面:第一,教师培养课程使教师的素养更能适应社会教育对培养人才的需要。第二,教师职前培养更加系统化和专门化,以适应社会对不同层次教师的需要。第三,教师培训专业化。大量的教育机构根据一定的条件将进入教师培训这一领域,形成一个规模巨大的市场,这就需要对教师培养和培训机构进行认可和评估。第四,教师群体和教师职业道德规范的形成和稳定发展。专业化的另一个含义就是群体价值观的形成。教师的道德规范、价值观是随教师职业的专业化形成的。第五,教师任用制度化。通过专门的机构根据一定的规范和程序进行,使教师职业的准入适应社会的需要。教师的专业发展与教师教育的高质量需求是联系在一起的,并因此促进教师职业趋向成熟。

(四)有助于推动社会进步

教师专业化与社会进步息息相关。根据社会学理论,个体和群体的社会化是社会进步的一个重要标志。无论是个体的人还是群体的人,在被社会化的同时,也在参与创造社会,从而形成了这一群体的独特的文化、个性发展和社会结构。不难理解,教师在被社会影响的同时,也在影响着社会,与社会形成共生共存的关系,这一群体自身也具备了高级社会的特征,并且还会随着社会的进一步发展而发展。教师专业发展通过促进教师职业的专业化来推动教师个体和群体的社会化,最终推动社会进步。当教师职业不再与平庸、烦琐相关联,而是与高尚、创造、尊严为伍时,当教师的劳动不再是重复、枯燥,而是充满着发现的喜悦和探究的乐趣时,我们教育事业的兴旺发达也就是近在眼前的事了。

四、教师专业发展的有效途径

(一)专业政策扶持

政策可以为教师提供制度保障,降低教师专业实践可能面临的风险与代价。提供专业政策扶持、完善教师政策可以从以下方面着手。

1. 政策制订着眼长远

目前国家和地方出台的一些涉及教师的政策,大多属于短期、暂时性质,即针对公众舆论反映较为强烈的问题出台相应规章。这样的政策往往针对教师群体中某类突出现象,其出台不过应一时之需,对教师长远能力提升和自主意识确立并无明显效用。

真正的教师专业发展往往在一线实践和系统化专业支撑体系相融合的基础上产生。因此,应从战略角度看待中小学教师和高校教育研究之间的联系,从国家层面供给相应政策促动这种融合形成。这意味着,借助政策驱动打破职前与职后藩篱,实现大学与中小学教师培养深度联合,将一定比例的师范生课程安排在中小学完成,同时让更多一线教师重新进入大学进修,相互取长补短以谋求合力。这还意味着推进教师专业不断走向高端化,促进教师学历标准由"中师—专科—本科"体系向"专科—本科—研究生"层次升级。

2. 政策文本严谨规范

一方面,政府部门应避免各自为政导致政策价值取向过于分离,追求政策间相互融合;另一方面,则应对政策文本中那些模糊的、想当然的概念保持必要警醒。

3. 顾及教师切身利益

考虑到社会财富不断增加和国民整体生活质量不断提高,教师的地位、待遇与其贡献依然不相称,教师的实际政治、经济地位低于其应然地位。近年来,对发展不利地区和学校的教师,在津贴、补贴、专业机遇等方面给予更大政策倾斜,提升他们的专业满意度,降低他们的离职意向,规定小学教师也可以受聘正高级专业技术职务等,在一定程度上体现出决策者对教师专业价值的认知正趋于深化。

4. 参与主体应更多元

首先,应改变公权部门决策专断的局面。其次,增加一线教师的实质性话语权才可能降低教师在政策实施中的惰性与抵制。再次,专业性较强的政策交由非官方教师协会、基金会主导制订,关涉政府与教师利益分配的政策则应由第三方中介机构监督制订。最后,加强政策执行监督,避免有制不依,鼓励社会力量、新兴传媒参与监督。

(二)学校专业管理

学校是教师专业发展核心场域,教师专业面貌是学校的基本校情,重视教师专业发展是学校爱师的表现。绝大多数教师专业发展事件都在学校遭遇、发生,教师专业发展各个时期都需要学校提供支持与引导,校本化也是教师专业发展的新趋势。

学校专业管理是教师能否顺利发展的外部因素。调控和优化这一因素在教师专业认知生成、专业自主性提升等方面不可或缺。倘若一所学校教师精神涣散、工作懒散、教学懈怠、离职现象严重,提升学校教学质量及社会声誉的期许自然难以实现。对于教师而言,教师也必须要回应学校的诸多专业要求。在学校,教师专业实践因此遭遇来自校方的复杂影响。这要求教师洞悉学校专业管理意图及旨趣,并在自身需要与学校管理产生冲突时学会自我调适。可以从实现学校管理理念转换、反思学校专业管理规范、学校专业管理实践准则几个方面着手进行。

(三)教师培训机制

教师培训早已成为教师专业发展的重要途径。最初,教师培训主要针对教师学历偏低、教学理念滞后与基本技能欠缺。而后,培训扩展至新手教师专业适应、前沿教育科研方法、高端信息技术应用、现代课堂管理乃至教师情商修炼等领域。

注重校本教师培训是非常重要的。当前,校本培训形态需要不断充实,减少理论型讲授、讲座、报告,增加对教师专业变革有实质性改善的培训内容,以问题为中心进行研究式培训。校本培训在培训时空、培训内容、培训方式及结业评价等方面应采取开放、多元价值理念。培训的最终评价应以教师在学校现实情境中成功"做"出来为最终准绳,因此校本培训尤其提倡做中学、干中学、例中学、探中学。在全员培训理念下,评价的目的并非是要所有教师都成为学者型教师,而在于借助培训让每位教师都有所获,体验到专业价值并努力践行这些价值。

（四）教师自我完善

一切教育归根结底都是自我教育。一般认为,自我完善是教师有意识地依据专业标准及自身专业定位,积极主动地利用外在环境条件,通过自我认知、自我评价、自我管理不断弥补自身不足、提升自身能力的内部引导机制。专业竞争日益加剧、专业要求普遍提高、专业发展不确定性增大也使教师自我完善成为必然。

首先,教师需要丰富自我内涵。自觉对已有知识体系加以取舍、补充、优化和重组,适时调整知识结构,拓宽知识视野,促进自身知识更有效地迁移,避免过时守旧的知识观影响专业效能;在接触学生、辅助技巧、课堂评价、自学讨论、引导学生自我检查、发现学生的疑难问题、分析教材、以学定教等方面不断磨炼自己,了解学生的时代特质及发展规律,对学科内容和学生状况心中有数,基于学生的知识、经验背景设计教学、组织教学活动;学会理清教学内容间的关联性、层次性及难易等级,拓展可供选择的教学策略范围,做到教学环节衔接合理自如,教学行动自然流畅,策略选择审慎而合理。

其次,学会自我管理。一般认为,教师自我管理的具体策略包括:行动,不仅包括外在行为本身,还包括行为背后的观念支撑或知识体系;行动反思;剖析核心问题;搜寻替代方案;进行新尝试。应避免惯性思维,摒弃自以为是的成见,注重对专业实践进行观念和技术层面的重建。

最后,实现自我价值。一方面,教师应在市场思潮中秉持正确的专业价值观。另一方面,教师应坚持自我完善与自我价值内在统一。

第二节 "互联网+"背景下大学英语教师的角色定位

互联网影响下的大学英语教学作为一种新兴的教学方式,有效促进了课堂教学效果的提高和教学目标的达成,实现了个性化学习,同时也对教师提出了新的要求,促进了教师角色的转变。具体而言,在互联网影响下的大学英语教学中,大学英语教师的角色发生了显著的变化。互联网影响下的大学英语教师角色让课堂更为有效、生动,教师发挥了更多的引导和协助的作用,为学生提供了个性化学习感受和多样化学习方式,对英语课堂的顺利实施有着显著的促进作用。

说到角色,一般人会觉得其与身份、地位有关,认为角色是对人们身份、地位的诠释。在当今社会,教师扮演着十分重要的角色,他们以各种方式调动与引导学生参与活动,并引导学生在自己设定的环境中展开探索。

一、大学英语教师的传统角色

在传统的大学英语课程教学中,教师扮演了两种重要的角色:一是知识的复制者;二是知识的传授者。

(一)知识的复制者

在传统的大学英语课程教学中,教师的工作就是将知识原封不动地传授给学生,在传统的大学英语教师的眼中,书本知识就是金科玉律,教参就是真理,因此教师往往将书本知识视作教授学生的来源,并且根据书本来设计教案。对教师教学好坏进行评价主要看教师能否把书本知识传达到位、准确。显然,基于这样的观念,大多数教师从书本内容出发展开教学,教师很自然地就成了英语课本的复制者。

在传统的大学英语课程教学中,学校往往为教师配备了一整套教材、教参等,并且为教师设计了教材上要求的每一堂课的活动,甚至对教师说的话都进行了明确的规定。教师如同批量生产的工人一般,千篇一律地展开教学,将大纲内容复制给学生。但在新环境下,教学过程被看作师生互动的过程。就建构主义学派的观点来说,这一过程是师生对客观事物的意义加以构建的过程,并且是合作性的构建,并不是单纯地对客观知识加以传递。

在大学英语课程教学中,教材、教参等是重要的资源,师生需要对这些资源进行开发,尤其对教师来说,他们需要对这些资源加以分割与整合,之后通过与学生的互动,将固有内容转化成丰富的、可供学生理解与接受的知识。之所以将教材静态的知识转换成动态的资源,将课堂上单一的知识转变成生动的课堂,最终目的都在于帮助学生获得知识。就这一角度而言,学生固然是知识的构建者与参与者,而教师更应该将自己置身于开放的环境中,成为资源的积极构建者。也就是说,教师的角色应该发生改变。

(二)知识的传授者

传统的教育观依然在教师的心中存在,这与现代的信息环境有着较大差距。在信息技术环境下,很多教师的理念中仍旧存在"教书匠"的意识,他们侧重以书本作为经验与教学方式,采用灌输的手段进行教学。一些教师将学生看作被动接收知识的容器,认为教材是学生获取知识的对象,教师是将这些知识灌输给学生的人。显然,教师充当了一个"传话筒"的角色,学生是接收器,将教学简单地视作知识传递的过程。这种对知识过于重视而忽视具体能力的教学方法,势必会造成教学过程的重复、单一,也会制约教师的创新意识与研究精神,让教师的教学思想与观念更加保守、陈旧。

在新形势下,信息技术迅猛发展,教师在技术、知识上所具备的权威性受到极大的挑战。在新环境下,大学英语教师对于知识传授者的角色是否有新的理解?是否对教师新的角色进行重新定位?教师自身的教学手段、角色观念是否感到不适?教师如何转变自我并适应这一环境?这些问题都说明,教师作为知识传授者的角色应该改变。

二、"互联网+"背景下大学英语教师角色的重新定位

传统的大学英语教师所扮演的角色已经很难适应当今社会的需要。在这个多元化的社会,教育具有多样性,他们需要适应不同层次、不同族群人的需求。教师需要作为文化传承执行者的角色展现在人们的面前,他们通过间接的形式逐渐实现文化传递。只有具有多元文化教育观的教师,才能与多元文化社会教育相适应。也就是说,教师不再是知识的传授者与复制者这些简单的角色,而是被赋予了新的多样角色。下面就具体分析大学英语教师角色的转变。

（一）语言知识的诠释者

大学英语教师是英语语言知识的诠释者，他们在开展课程教学之前，首先必须具备渊博的知识。简单来说，大学英语教师需要对英语专业知识有系统的、全面的把握，并能够从这些知识中分析出语言现象。一般来说，英语教师需要掌握的专业知识包括理论知识、语境知识、实践知识等，这些知识囊括了语音、词汇、语法、语篇、文化等，大学英语教师只有掌握了这些知识，他们才能解决学生学习中遇到的实际问题，帮助学生提升自我，实现更好的语言输出。

（二）语言技能的传授者

除了英语知识，大学英语教师还需要掌握语言技能，并且将这些技能传授给学生。在学生学习语言的过程中，掌握语言知识是基本条件，而最终目的是为了提升自身的语言技能。一般来说，语言技能包含听、说、读、写、译五项。就语言的发展规律而言，听、说居于重要地位，读、写、译其次，但就外语教育的角度而言，读、写、译居于重要地位，听、说其次。这就说明大学英语课程教学的目标是让学生具备一定的读、写、译能力，而听、说能力是实现读、写、译能力的前提与基础。大学英语教师要想能够提高教学质量，熟练地驾驭英语这门课程，就必须掌握这五项技能，并且保证五项技能的有机结合，从而提升学生的语言综合技能。

（三）课堂活动的组织者

无论是大学英语课程教学还是其他教学，课堂活动都是必不可少的一部分。在大学英语课程教学中，课堂教学是其重要的载体与媒介。大学英语教师要想提升自身的教学质量，必须要设计出合理的课堂活动，如辩论、对话、对话表演等，这些都是能够让学生参与其中的活动，让学生有真实的语言训练机会，提升自身的语言表达能力。在这之中，学生也会不断加深对英语语言知识与技能的印象，巩固自身的知识体系。

（四）教学方法的探求者

大学英语教师在大学英语课程教学中不能仅使用一种教学方法，应该承担起教学方法开发者与设计者的角色，创新教学方法，使教学课堂更多样有趣。与其他学科相比，大学英语课程教学具有极强的实践性，因此其与教学方法的关系更为密切,甚至教师对语言知识的分析、学生语言技能的掌握、教师课堂活动的组织等都需要考虑相应的教学方法。

随着很多学者对英语课程教学进行深入的研究,探索出了很多教学方法,如语法—翻译法、交际法、任务法、情境法等,这些教学方法各有利弊,大学英语教师需要考虑教学的实际情况以及学生的实际水平,选择适合自己的教学方法组织教学,有时候甚至需要多种方法并用,从而传达出最佳的教学效果。

(五)网络技术应用者

1. 语言单元任务的设计者

要想实现单元主题目标,就必然需要对单元任务进行设计,这是大学英语教师的一项重要任务。学生通过教师设计的这些真实的任务,可以拓宽自己的语言知识面,还能够提升自身解决具体问题的能力。因此,在英语学习中,语言单元训练任务的设计是非常重要的。这要求教师应该在网上设计相应的单元任务,让学生在规定的时间内完成,最后提交完成任务的结果。通过这种方式,学生可以降低自身的压力,让他们愿意参与其中。

另外,通过网络,学生可以根据自身的实际情况选择教师设计的任务,遇到问题时也可以与教师或其他同学进行网上交流,最后呈现自己的作品或观点。显然,这种方式不仅锻炼了学生的英语语言水平,还有助于提升学生的兴趣和积极性,加强人与人之间的交往与合作。

2. 有效主题教学模式的设计者

在新形势下,大学英语课程教学要求教师不断探求新的教学模式与方法。具体来说,大学英语教师不仅需要发挥网络的优势,还需要提升学生学习的效率。对此,大学英语教师在设计主题教学模式时,应该选择学生感兴趣的话题,并且整个教学模式都围绕这一主题开展,以小组合作讨论的形式完成任务,最后提交讨论结果。

当然,由于处于网络环境下,大学英语教师设计的每一个主题都应该能让学生在网络上找到丰富的资料,包含这一主题的文化背景与发展动态,然后由学生进行总结与归纳,进而安排学生在网上进行讨论,这样的设计模式实际上帮助学生摆脱了课本的限制。

另外,在设计有效主题教学模式时,大学英语教师要尽量链接一些有效网址,帮助学生接触更多的国内外文化知识。大学英语教师还可以下载一些前沿性的资料,以吸引学生,提升他们的求知欲。当然,对于一些敏感性的话题,大学英语教师要进行正确指导,避免学生出现文化偏见。

3. 学生网络学习的帮助者

在大学英语课程教学中,网络能够起到监控的作用。通过网络监控,大学英语教师可以对学生的学习过程有所了解与把握,从而帮助学生实现自己的学习需要。大学英语教师是学生进行网络学习的帮助者,尤其对于差生而言,大学英语教师更是发挥了不可磨灭的作用,他们通过记录学生浏览网页的情况,了解学生是否参与其中,从而清楚学生在学习中遇到的困难,之后帮助学生解决实际的问题。

另外,由于不同的学生遇到的困难不同,因此大学英语教师应该给予分别指导,促进不同层次学生各自的进步。显然,大学英语教师对学生网络学习的帮助更具有人情味,不仅有助于提升优等生的水平,还有助于避免差生的畏惧心理,帮助不同层次的学生解决不同的问题,真正帮助他们实现有效的自主学习。

4. 在线学习系统的建立者和学生学习过程的监控调节者

网络为学生的英语学习提供了便利,而教师在这之中充当了调控学生学习、提供个别指导的作用,但在这之前,首先就需要建构一个完善的在线学习系统。在这一系统中,有教师与学生两个端口。学生通过填写自己的信息,向教师端提出申请,教师负责审核,使学生加入到这一系统中。

根据在线学习系统的导航提示,学生可以获取自身所需的资料,也可以下载下来。例如,某一在线学习系统可能包含"单元测试"与"家庭作业"两个项目,在"单元测试"中学生可以进行训练与测试,在"家庭作业"中学生可以提交自己的作业。之后,学生可以通过论坛、QQ 等与教师进行讨论,实现网上交互。

第三节 "互联网 +"背景下大学英语教师的素质要求

从心理学上说,素质即人们与生俱来的神经系统、感知器官的某些特征,尤其指的是大脑结构与技能上的某些特征,并认为素质是人们心理活动产生与发展的前提与基础。[①]

---

① 李成学,罗茂全.教师的素质与形象[M].四川:四川教育出版社,2001:30.

沃建中认为,教师素质是教师能够顺利完成教学任务、培养人所必须具备的品质,是身心相对稳定的基本品质。[①]

林崇德将理论与实践紧密结合,将教师素质界定为:"在教学活动中,教师表现出来的、对教学效果起决定作用的、对学生身心发展产生直接影响的心理品质的集合。"[②]

本书所说的教师素质主要侧重于教师的从业素质,即教师的职业素质,具体指教师为了与教师职业要求相符所必须具备的基本能力与品质。其中包含教师的道德素质、文化素质、思想素质、能力素质、科研素质等。

一、大学英语教师素质

根据林崇德先生提出的"三层次五成分"教师素质观,从当前大学英语教师的基本情况考量,大学英语教师素质的内涵可以涉及如下几个层面。

(一)职业理想

教师的职业理想是教师从事教学工作的兴趣与动机的体现,是其献身于教学工作的原动力。在大学英语教学中,教师的职业理想表现为积极性、事业心、责任感,大学英语教师具备的崇高的职业理想,是他们开展大学英语教学活动的有利层面。

(二)知识水平

教师所具备的知识水平是教师开展教学工作的前提。林崇德(2005)从功能角度出发,将教师的知识结构划分为四大部分:本体性知识、文化知识、实践知识、条件性知识。

教师的本体性知识是教师特有的知识,如英语语言知识,这是为人们普遍知晓的。这一知识与舒尔曼的学科知识基本等同。在林崇德看来,一个人最佳的知识结构就是自己所从事职业的知识,这是获取良好教学效果的保证。学生的年级越高,教师的威信越取决于自身的本体性知识。但是,林崇德也指出具备本体性知识只是教师教学的基本保证,但不是唯

---

① 沃建中.教师素质对学生心理的影响[J].广西右江民族师专学报,2001(9):60-63.

② 林崇德,申继亮,辛涛.教师素质的构成及其培养途径[J].中国教育学刊,1996(6):16.

一的,即还需要具备其他层面的知识。

教师的文化知识对于教师教育效果而言有着重要意义,其与教师的本体性知识有着同等重要的作用。

教师的实践知识是指教师在具体的课堂中,面临有目的的行为所具有的课堂情境知识或相关知识。这种知识是教师经验的积累。教师的教学与研究人员的科研活动不同,具有情境性,在这些情境中,教师的知识主要是从个体实践而来的。同时,实践知识会受到一个人经历的影响和制约,这些经历有人的打算、人的目的、人类经验的积累等。这种知识的表达有着丰富的细节,并且以个体化语言来呈现。

教师的条件性知识是一个教师能否取得教学成功的保证。一般来说,教师的条件性知识可以划分为三种:学生的身心发展知识、学生成绩评估知识、教与学知识。

(三)教育观念

教师的教育观念是他们在教学活动中形成的对教育现象的主体性认知,是从自身的心理背景出发进行的认知。一般来说,教育观念包含知识观、教育观、学习观、学生观等。

(四)监控能力

教师的监控能力指的是他们为了保证教学能够顺利实现预期目标,在教学过程中对其进行主动计划、检查与反馈等。具体来说,包括对课前教学的设计、对课堂进行管理与指导、对课堂信息进行反馈。事实上,教学监控能力是教师对其认知的调节与控制,是教师思维反省与反思的体现。

(五)教学策略与行为

教师的教学策略与行为是教师为了实现教学目标,从学生的特点出发,采用各种教学手段展开因材施教。在大学英语教学中,教师的教学策略与教学行为是教师根据不同学生的学习风格与水平差异,创造符合学生风格的课件,采用网络多媒体技术,将自身的教育思想与学生容易接受的方式完美地融合。

二、"互联网＋"背景下大学英语教师的素质定位

(一)以学生为中心的教学意识

在传统的大学英语教学模式中,教师在课堂上占据绝对的主体地位,他们是教学活动的掌控者、组织者,学生是被动的参与者。在这样的教学过程中,教师也不会意识到不同学生是存在差异的。即便教师注意到了这一点,大多数教师也会忽略。

实际上,在大学英语课堂中,所有的学生形成一个多元文化语境,他们来自不同的地区,具有不同的成长背景,这就使得他们有着不同的接受能力、不同的思维方式等。如果教师对所有学生都一视同仁,那么必然会削弱学生学习的积极性与主动性,也势必会导致教学效果不佳。

在"互联网＋"背景下,教师应该"以学生为中心",教师自身的角色也应该发生改变,从原本对课堂的控制者转变为对学生英语学习的辅助者,同时对待每一位学生都应该持有平等、公平的姿态。教师要认识到不同学生的文化差异与多样性,对不同的学生采用不同的方法,使学生成为教学的主体,展现自身的个性,从而更好地在多元的环境中习得英语这门语言。

(二)信息化时代下的信息素质

随着科技的日益进步,人们逐渐意识到:人才的高素质是一个国家、一个民族最大的竞争力。在所有素质中,信息素质是一个最不可忽视的方面。因此,各国教育界都特别注重对个人信息素质的培养,很多国家从中小学起就抓孩子的素质教育。然而,对于中国来说,信息素质教育的起步特别晚。对于在职的高校教师而言,信息素质教育根本就没得到应有的重视,甚至有的教师都不知道信息素质的含义。很多资料表明,我国高校教师的信息素质早已无法适应当今教育信息化对高等教育发展的需求,与发达国家相比,存在巨大差距。

第四节 "互联网＋"背景下大学英语教师专业发展的路径

互联网影响下的大学英语教学对教师的专业能力提出了更高层次的要求,如何实现教师的专业化发展逐渐受到了人们的关注。下面就从几

点来探究互联网影响下大学英语教师的发展途径。

一、提升专业能力

（一）专业引领

当前，我国的大学英语教学在不断革新，先进的理念需要有骨干、研究者的带领，才能促进自身的专业发展。[①] 一般来说，教学专家、资深教师等都可以起到专业引领的作用。普通大学英语教师要向他们学习，接触先进的思想与经验，从而推动自身的专业化发展。

1. 专业引领的要求

其一，要发挥专家与普通大学英语教师之间的能动性与积极性。不同的引领人员，所侧重的层面也必然不同。科研专家对教学理论非常注重，因此在其引领上更注重理论与实践的结合。骨干教师注重教学实践，因此在其引领上更注重具体操作。但无论是哪一种引领，他们都需要较高的引领能力，既能够在理论上进行指导，还能够在具体操作中提供建议。对于普通的大学英语教师而言，他们应该配合专家与骨干教师，对他们给予的建议要认真听取，并择优采纳，从而分析与总结自身的教学问题，对自己的教学活动进行反思，提升自身的专业素质。

其二，大学英语教师要保证内容、目标等的正确，采用的方法要恰当。大学英语教师专业发展的总目标在于让他们能够对新知识、新信息予以把握，并且能够在这些新知识、新信息的基础上提升自身的专业素质。不同的大学英语教师存在着个体的差异，因此在专业发展、水平上也必然不同，因此在进行专业引领时，需要考虑不同教师的具体情况，对不同的教师制订与他们相符的方法，从而实现专业引领的合理性与有效性。

2. 专业引领与大学英语教师专业能力发展

从上述分析可知，专业引领对于大学英语教师专业能力发展非常重要，具体而言可以从如下几个层面着眼。

其一，阐述教学理念。就很大程度上而言，大学英语教师的教学行为往往会受到教学理念的影响，因此在专业引领中，专家、骨干教师等应该尽可能引导普通的大学英语教师熟悉与掌握教学理念，可以采用讲座或者报告等形式。

① 孟丽华，武书敬.网络环境下大学英语教师专业素质发展研究[M].北京：外语教学与研究出版社，2015：53.

其二,共同拟定教学方案。当普通的大学英语教师对先进的理念进行掌握之后,专家、骨干教师应该与普通的大学英语教师共同探讨先进的教学方案。在这一过程中,专家、骨干教师不仅是引领者,还需要对普通的大学英语教师的教学设计提出建议、给予指导,从而让普通的大学英语教师的教学设计更为完善。在专家、骨干教师等的引领下,普通的大学英语教师能够顺利地制订出与教学理念相符的教学方案,并将这一方案付诸实践。

其三,指导教学实践尝试。当制订完教学方案之后,就需要将其付诸实践,从而对教学方案进行验证。在验证时,专家、骨干教师应该参与其中,对教师的教学行为进行记录,从而与具体的方案进行对比,找出差距。在教师结束课堂之后,专家、骨干教师与普通的大学英语教师进行分析与探讨,对教学方案进行修订,从而使方案更完善、更切合实际。

(二)课堂观察

所谓课堂观察,是指通过有计划的观察,对课堂的运行情况以及一些细节进行分析与记录,从而改进教师的课堂教学与学生的学习。

与一般的观察相比,课堂观察要求观察者有明确的目的,并借助观察表、录像设备等手段,直接或间接地从课堂收集资料,并对收集的资料进行研究与分析。

1.课堂观察的步骤

课堂观察一般分为如下三个步骤。

在课堂观察之前,首先要对解决的问题予以明确,保证观察的针对性;其次,要根据相关问题对规划予以制订。一般来说,规划的内容包含时间、地点、方式、课次等。如果条件允许,可从具体的要求出发,对观察者进行专门的培训。

在课堂观察过程中,就要采用一定的观察技术手段,从课堂观察之前制订的观察要点与观察量表出发,选择恰当的观察角度与位置,进入观察状态,通过采用不同的记录手段,在技术层面将定性与定量方法相结合。在观察过程中,还需要对典型的行为进行记录,尤其是记录下实际情况与自己的思考。

课堂观察结束后,要对记录的资料、收集的材料进行分析与整理。课堂记录的资料分为两种:一种是定量性质的,一种是定性性质的。这两种资料所采用的分析手段不同,但目的是相同的,即通过系统的分析,对课堂行为间的关系进行了解与把握,解决课堂中存在的实际问题。通过分析与整理,所有参与者最终探讨相关的解决方案。

2.课堂观察与大学英语教师专业能力发展

课堂观察对于大学英语教师的专业发展有着重要的意义,具体而言表现为如下几点。

(1)课堂观察有助于教师专业发展的实践反思。基于课堂观察的自我反思是教师在教学中做出的并能够产生结果的分析与审视。在反思的过程中,教师将自己视作有见解、有理想、有决策能力的人。这样,教师就会对教学行为、教学计划等进行分析与自评。反思能力的养成是确保教师继续学习的基本条件。在反思中,教师对自己的专业视野加以拓宽,将自己追求超越的动机激发出来。同时,这种观察不仅有助于对自己的教学实践与教学行为加以改进,还有助于不断提升自身的教学水平与教学质量,促进自身的成长。

课堂观察使教师对课堂活动进行真正的认识,也有助于不断激发教师的自我发现、自我设计。通过自己与同事的观察,教师能够不断提升对自我的认识,不断增强自信心与责任感,由此促进教师批判地、系统地分析自己的教学行为与教学水平,发展自己的判断能力,使自己与其他同行之间相互反省与通力合作,解决教学中存在的现实问题,并通过课堂观察,对自己的教学不足加以改进,提升自身的教学水平与教学质量。

(2)课堂观察有助于加强教师对课堂的驾驭能力。教师对于教室内发生的教学管理、教学行为等,只有进行全面的、系统的观察,才能真正地将课堂中的各种行为记录在内心,保持课程能够顺利地开展,并获得口头的或者书面的评价资料等。因此,对于教师来说,课堂观察是理解与解释课堂事件背后意义最为直接的方法,对于教师理解与把握课堂行为有着极其重要的作用与较高的价值。

教师要想对自己课堂上的表现与行为有着清楚的认识,必须要进行课堂观察,通过课堂观察、课堂行为的分析,教师能够获得更为详细、更多的与自己与学生相关的反馈。在观察中,教师能够发现自己或者其他教师的问题,让自己清楚地认知自己的教学行为。

另外,在课堂观察之后,教师能够与其他教师进行交流与探讨,对自己的教学行为进行反思,对自己的教学行为加以改进,找寻恰当的教学策略,从而积极主动地改进教学中存在的问题。

总之,课堂观察有助于教师对自己的课堂行为、课堂观念有清楚的认识,进而对自己的教学进行自我评价,从而激发自身对专业发展的积极性与兴趣。

二、提高专业意识

所谓教师的专业发展意识,指的是教师按照教师专业化的要求,对自己专业发展过程、目前专业发展状态、未来专业发展规划的系统化、理论化的认识。教师的专业意识是基于教师的自我意识、职业认同、动机的基础上产生与呈现的,其对于教师素质与能力的拓展起着重要的规划与导向作用。

要想提高大学英语教师的专业意识,首先就要掌握一定的方式、方法和策略,这是信息化教学能力培养的中观层面。在这一层面中,大学英语教师的职前培养、教学实践、在职培训、协作交流、自主学习等是最为主要的几个方面。

（一）进行职前和在职培养

大学英语教师信息化教学能力的发展是一个系统的过程,进行职前与在职培训是大学英语教师信息化教学能力发展的重要促进环节,两者是紧密结合的,通过职前培训,可以使大学英语教师系统掌握信息化教学技术的知识和能力,为下一步大学英语教师在大学英语教学过程中运用信息技术打下了坚实的基础。通过在职培训,可以让大学英语教师及时学习最新的信息化教学技术,并可以与更多的大学英语教师进行沟通交流,从而提高自己的信息化教学能力。

（二）传统方式与网络方式相结合

在当今大学英语教学中,利用信息化技术进行大学英语教学时,也不要忽略了传统的大学英语教学方式,要将传统的教学方式与网络方式结合起来进行,教师在教学过程中要与学生进行不断地面对面的交流,不断提高自己的信息化教学能力。随着信息技术的不断发展,人们获取信息资源的渠道逐渐多元化,无论是知识的获取,还是教学经验的分享等都可以通过网络来获取。因此,将传统方式和网络方式结合起来能极大地提高大学英语教师的教学能力,从而促进大学英语教学质量的提升。

（三）自主学习与合作交流相结合

在"互联网 +"背景下,大学英语教师要想具备一定的信息化教学能力,就需要通过不断的学习和提高,以适应不断发展和变化着的学校教育。在平时的工作中,大学英语教师可以通过自主学习掌握基本的信息化技术手段,与其他的大学英语教师进行沟通与合作,多参加一些与信息化教学有关的研讨课等,逐步提升自己的信息化教学能力。在面对面协作交流的过程中,要注重提高虚拟的、跨时空的协作交流能力。这对于大学英语教师掌握信息化技术,提高大学英语教学水平具有非常大的帮助。

（四）技术知识与实践应用相结合

信息化技术知识与能力主要是大学英语教师通过职前培训得到的,但需要注意的是,光掌握信息化技术知识还远远不够,还要具备一定的技术知识与实践应用相结合的能力。通过信息技术的培训,大学英语教师可以在学习中体验和模仿,强化对信息技术知识的实践应用。只有将技术知识与实践应用充分结合起来才能实现既定的学习目标。

信息化教学的技术手段有很多,作为一名大学英语教师,一定要学习和掌握基本的教学技术软件,尤其是对于一些年龄较大、不易接受新鲜事物的大学英语教师而言更是如此。在平时的信息化教学中,PPT演示文稿、多媒体教学软件等都是最为常用的技术,大学英语教师还要利用计算机搜集和掌握一些教学素材,不断提高自己的多媒体技术能力,从而不断提高自己的信息化教学能力。

随着现代信息化技术的不断发展,网络上出现了各种培训课程,其中有关网络技术的培训课程也是相当多的,这一部分课程既有免费的也有付费的,通常都有着较强的专业性,作为一名大学英语教师,尤其是信息化技术教学水平较差的教师,可以多参加一些网络技术课程的学习,从而提升自己的信息化教学能力。

参考文献

[1] 布鲁姆等著,邱渊等译.教育评价 [M].上海:华东师范大学出版社,1987.

[2] 蔡基刚.中国大学英语教学路在何方 [M].上海:上海交通大学出版社,2012.

[3] 蔡先金等.大数据时代的大学:e 课程 e 教学 e 管理 [M].济南:山东人民出版社,2015.

[4] 陈俊森,樊葳葳,钟华.跨文化交际与外语教学 [M].武汉:华中科技大学出版社,2006.

[5] 崔刚,孔宪遂.英语教学十六讲 [M].北京:清华大学出版社,2009.

[6] 崔长青.英语写作技巧 [M].北京:中国书籍出版社,2010.

[7] 樊永仙.英语教学理论探讨与实践应用 [M].北京:冶金工业出版社,2009.

[8] 何广铿.英语教学法教程:理论与实践 [M].广州:暨南大学出版社,2011.

[9] 何少庆.英语教学策略理论与实践应用 [M].杭州:浙江大学出版社,2010.

[10] 胡文仲.高校基础英语教学 [M].北京:外语教学与研究出版社,2006.

[11] 贾冠杰.英语教学基础理论 [M].上海:上海外语教育出版社,2010.

[12] 剧锦霞,倪娜,于晓红.大学英语教学法新论 [M].北京:中国书籍出版社,2013.

[13] 康莉.跨文化视角下的大学英语教学:困境与突破 [M].北京:中国社会科学出版社,2014.

[14] 柯清超.超越与变革:翻转课堂与项目学习 [M].北京:高等教育出版社,2016.

[15] 黎茂昌,潘景丽.新课程小学英语教学理论与实践 [M].成都:四川大学出版社,2011.

[16] 李莉文.英语写作教学与思辨能力培养研究 [M].北京:外语教学与研究出版社,2011.

[17] 李鑫.英语教学的理论与实践 [M].北京:知识产权出版社,2012.

[18] 李雁冰.课程评价论 [M].上海:上海教育出版社,2002.

[19] 林新事.英语课程与教学研究 [M].杭州:浙江大学出版社,2008.

[20] 刘润清,韩宝成.语言测试和它的方法(第 2 版)[M].北京:外语教学与研究出版社,1991.

[21] 鲁子问,王笃勤.新编英语教学论 [M].武汉:华中师范大学出版社,2006.

[22] 罗少茜.英语课堂教学形成性评估研究 [M].北京:外语教学与研究出版社,2003.

[23] 庞维国.自主学习——学与教的原理和策略 [M].上海:华东师范大学出版社,2003.

[24] 任美琴.中学英语有效教学的一种实践模型 [M].宁波:宁波出版社,2012.

[25] 任庆梅.英语听力教学 [M].北京:外语教学与研究出版社,2011.

[26] 孙慧敏,李晓文.翻转课堂,我们在路上 [M].杭州:浙江大学出版社,2018.

[27] 王笃勤.小学英语教学策略 [M].北京:北京师范大学出版社,2010.

[28] 王琦.信息技术环境下的外语教学研究 [M].北京:中国社会科学出版社,2006.

[29] 王素荣.教育信息化:理论与方法 [M].北京:社会科学文献出版社,2006.

[30] 王坦.合作学习的理念与实施 [M].北京:中国人事出版社,2002.

[31] 王亚盛,丛迎九.微课程设计制作与翻转课堂教学应用 [M].北京:机械工业出版社,2015.

[32] 武尊民.英语测试的理论与实践 [M].北京:外语教学与研究出版社,2002.

[33] 严明.大学英语自主学习能力培养模式研究：体验的视角 [M].哈尔滨：黑龙江大学出版社,2009.

[34] 于永昌,刘宇,王冠乔.大数据时代的教育 [M].北京：北京师范大学出版社,2015.

[35] 战德臣等.MOOC ＋ SPOCs ＋翻转课堂：大学教育教学改革新模式 [M].北京：高等教育出版社,2018.

[36] 张豪锋.教育信息化与教师专业发展 [M].北京：科学出版社,2008.

[37] 郑茗元,汪莹.网络环境与大学英语课程的整合化教学模式概论 [M].北京：中国水利水电出版社,2015.

[38] 钟玉芹.大学英语混合式教学探究 [M].北京：电子工业出版社,2017.

[39] 周文娟.大数据时代外语教育理念与方法的探索与发现 [M].上海：上海交通大学出版社,2014.

[40] 朱鑫茂.简明当代英语语音 [M].北京：外语教学与研究出版社,2003.

[41] 崔冬梅.翻转课堂视域下的大学英语教学状况研究 [D].吉林：辽宁师范大学,2015.

[42] 郭琬.微课的应用及其开发研究——以初中语文为例 [D].西安：陕西师范大学,2015.

[43] 黄兰.微课在初中课堂教学中应用的现状分析与对策研究 [D].宁波：浙江师范大学,2015.

[44] 闵婕.思维导图在高中英语阅读教学中的应用研究 [D].聊城：聊城大学,2017.

[45] 潘清华.微课在中职英语教学中的应用 [D].济南：山东师范大学,2016.

[46] 齐婉萍."微课"在高中语文教学中的运用 [D].哈尔滨：哈尔滨师范大学,2015.

[47] 王曼琪."慕课"教学模式评析及实施建议 [D].呼和浩特：内蒙古师范大学,2015.

[48] 赵富春.大学英语口语探究式教学研究 [D].南京：南京航空航天大学,2010.

[49] 曾春花.网络多媒体辅助下的英语语法教学探究 [J].福建广播电视大学学报,2015（4）.

[50] 陈新汉.自我评价活动论纲 [J].北京师范大学学报(社会科学

版),2007（1）.

[51] 邓道宣,江世勇.略论中学英语语法教学的原则与方法 [J]. 外国语文论丛,2018（12）.

[52] 高频.多媒体和网络环境下大学英语词汇教学改革初探 [J]. 凯里学院学报,2008（2）.

[53] 郭淑英,赵琼.大学英语自主学习学生自我评估调查研究 [J]. 黄石理工学院学报,2008（1）.

[54] 胡铁生,黄明燕,李民.我国微课发展的三个阶段及其启示 [J]. 远程教育杂志,2013（4）.

[55] 胡铁生.微课:区域教育信息资源发展的新趋势 [J]. 电化教育研究,2011（10）.

[56] 霍玉秀.基于"项目式学习"模式与学生综合能力的培养 [J]. 语文学刊·外语教育教学,2013（11）.

[57] 焦建利.微课及其应用与影响 [J]. 中小学信息技术,2014（4）.

[58] 黎加厚.微课的含义与发展 [J]. 中小学信息技术,2013（4）.

[59] 李松林,李文林.教学活动理论的系统考察与方法论反思 [J]. 外国中小学教育,2008（1）.

[60] 梁为.基于虚拟环境的体验式网络学习空间设计与实现 [J]. 中国电化教育,2014（3）.

[61] 刘红霞,赵蔚等.基于"微课"本体特征的教学行为设计与实践反思 [J]. 现代教育技术,2014（2）.

[62] 刘卉.大学英语文化教学中阅读圈教学模式的构建与探索 [J]. 教育现代化,2018（45）.

[63] 刘建达.学生英文写作能力的自我评估 [J]. 现代外语,2002（3）.

[64] 刘俊玲,曾薇.慕课在高校英语教学中的应用研究 [J]. 课程研究,2016（5）.

[65] 刘梦雪.通过自我评估训练促进自主式英语学习的实证研究 [J]. 疯狂英语(教师版),2009（4）.

[66] 刘艳晖.多媒体网络环境下的英语词汇教学 [J]. 湖南第一师范学报,2009（2）.

[67] 楼荷英.自我评估同辈评估与培养自主学习能力之间的关系 [J]. 外语教学,2005（4）.

[68] 欧阳日辉.从"+ 互联网"到"互联网 +"——技术革命如何孕育新型经济社会形态 [J]. 人民论坛·学术前沿,2015（10）.

[69] 彭睿.大学英语听力水平影响因素及对策 [J]. 安阳工学院学报,

2019（1）.

[70] 邵敏.大学英语听力教学实践与研究 [J]. 课程教育研究,2018（48）.

[71] 沈彩芬,程东元.网络多媒体环境下的外语教学特征及其原则 [J]. 外语电化教学,2008（3）.

[72] 宋艳玲,孟昭鹏,闫雅娟.从认知负荷视角探究翻转课程——兼及翻转课堂的典型模式分析 [J]. 远程教育杂志,2014（1）.

[73] 苏小兵,管珏琪,钱冬明,祝智庭.微课概念辨析及其教学应用研究 [J]. 中国电化教育,2014（330）.

[74] 隋志娟.高职英语混合式教学模式研究［J］. 中国教育学刊,2014（12）.

[75] 滕星.教学评价若干理论问题探究 [J]. 民族教育研究,1991（2）.

[76] 汪晓东,张晨婧仔."翻转课堂"在大学教学中的应用研究——以教育技术学专业英语课程为例 [J]. 现代教育技术,2013（8）.

[77] 王珏.基于慕课环境的大学英语翻译教学 [J]. 湖北函授大学学报,2016（18）.

[78] 王广新.微课设计与制作的理论与实践 [J]. 远程教育杂志,2014（6）.

[79] 魏亚琴.新课程下学生评价方式的变革——浅谈表现性评价 [J]. 辽宁教育行政学院学报,2004（110）.

[80] 肖亮荣,俞真.论计算机网络技术给大学英语教学带来的机遇和挑战 [J]. 外语研究,2002（5）.

[81] 谢大滔.体验式教学在大学英语自主学习学习中的应用 [J]. 教育探索,2012（9）.

[82] 杨惠元.课堂教学评估的作用、原则和方法 [J]. 汉语学习,2004（5）.

[83] 尹苗苗."互联网＋教育"在我国的发展历程探析 [J]. 文教资料,2016（16）.

[84] 张楠楠.基于慕课时代的大学英语课堂教学模式探索与研究 [J]. 科技创新导报,2014（36）.

[85] 张平.客观认识当前互联网形势 [J]. 群言,2014（2）.

[86] 张忠魁.电影配音在口语教学中的尝试 [J]. 上海工程技术大学教育研究,2012（2）.

[87] 赵蜻宏.慕课对大学英语写作课堂教学的影响 [J]. 科技教育,2016（2）.

[88] 郑小军, 张霞. 微课的六点质疑及回应 [J]. 现代远程教育研究, 2014（2）.

[89] 朱艳华. 通过自我评估培养非英语专业大学生自主学习能力 [J]. 黑龙江教育学院学报, 2009（8）.

[90]Cook, S. & Burns, A. Integrating Grammar in Adult TESOL Classroom[J]. *Applied Linguistics*, 2008（3）.

[91]Harmer, J. *The Practice of English Language Teaching*[M]. London: Longman, 1990.

[92]Larsen-Freeman, D. *Teaching Language: From Grammar to Grammaring*[M]. Beijing: Foreign Language Teaching and Research Press, 2005.

[93]Lewis, M. *Second Language Vocabulary Acquisition*[M]. Cambridge: Cambridge University Press, 1997.

[94]Ur, P. *Grammmar Practice Activities: A Practical Guide for Teachers*[M]. Beijing: Foreign Language Teaching and Research Press, 2009.

[95]Alfally, I. The role of some selected psychological and personality traits of the rater in the accuracy of self-and peer assessment [J]. *System*, 2004（3）.

[96]B. Tuckman. *Evaluating Instructional Programs*[M]. Boston: Allyn & Bason Inc., 1979.

[97]K. Montgomery. *Authentic Assessment: A Guide for Elementary Teachers*[M]. Beijing: China Light Industry Press, 2004.

[98]Richards, J. C. & R. Schmidt. *Longman Dictionary of Language Teaching and Applied Linguistics*[M]. London, UK: Longman, 2002.

[99]Rubin, J. An Overview to "A Guide for the Teaching of Second Language Listening" [A]. *A Guide for the Teaching of Second Language Listening*[C]. D. Mendelsohn & J. Rubin. San Diego, CA: Dominie Press, 1995.

[100]Slavin, R. E. Cooperative learning[J]. *Review of Educational Research*, 1980（50）.